KRISTINE VAN RADEN
y MOLLY DAVIS

Cartas a nuestras hijas

Traducción de
Anna Riera y Delia Mateovich

Círculo de Lectores

Agradecimientos

A mi madre, un ser estupendo y mi mejor amiga; a mis hijas, Sarah y Katie; a Todd y Ally; y a David, el amor de mi vida.

K. V. R.

A mi madre, a la que aprecio mucho; a mis queridas hijas, Haley y Lauren, y a mis hijastras, Clare y Valerie. Tom, te agradezco con toda el alma el estudio que me regalaste. Te quiero.

M. D.

Nuestro más sincero agradecimiento a todas aquellas personas que han hecho posible la publicación de este libro. Damos las gracias a todos aquellos que nos han abierto su corazón y han compartido con nosotras un amor tan genuino.

Introducción

«La niña tiene los ojos de su padre. En mi opinión, la sonrisa de su madre.» Pero lo seguro es que le espera por recorrer un camino como hija. Igual que millones de hijas que llegaron antes que ella, deberá superar por sí misma los desafíos que se le presenten. Y por encima de todas las demás, la persona a la que tomará como modelo será su madre.

En tanto seres humanos, todos participamos de las tribulaciones de la vida. Debemos hacer elecciones cada día que avanzamos, nos echamos atrás o nos aferramos con firmeza al *statu quo*. Si pudiésemos ver hacia adelante, probablemente tenderíamos a tomar el camino que ofrezca menos resistencia. Nadie recibe de buen grado esas situaciones que parecen poner a prueba la pasta con que estamos hechos. Si bien es cierto que esas lecciones fortalecen nuestro carácter, hay momentos en que los desafíos parecen excesivos.

Antes de convertirnos en adultos hemos librado duros combates a los que logramos sobrevivir, y nos hemos encontrado ahora cuidando y protegiendo niños, que son más importantes para nosotros de lo que nunca hubiésemos imaginado. Cuando contemplamos sus rostros podemos recordar nuestras trayectorias vitales, que comenzaron con tanto miedo y ansiedad como los que experimentan ahora nuestros niños. Sin embargo, las trayectorias que les esperan son impresionantes y, como todas, están sujetas a la posibilidad de fracasos y triunfos, alegrías y penas.

La transformación que se produce de hija a madre es algo que comparten todas las mujeres que han decidido tener hijos. No es que sus caminos sean menos diversos que sus vidas singulares, sino que hay un entendimiento mutuo que une a las mujeres que reconocen el alcance del desafío, la responsabilidad y la posibilidad de una relación distinta a cualquier otra.

Cartas a nuestras hijas comenzó hace unos quince años, aunque nosotras (Kristine y Molly) no fuimos conscientes de ello en su momento. Ése era el inicio de nuestras vidas como madres. A lo largo de los años hemos compartido muchas cosas. No obstante, la más importante de todas ellas es el amor y la pasión que sentimos por nuestros hijos. A menudo nos hemos asombrado del amor incondicional que sentimos por nuestras hijas, que alcanza una profundidad y una intensidad distintas a todo lo que hemos experimentado. Empezamos a preguntarnos qué dirían otras madres acerca de los sentimientos que experimentan por sus hijas. Y así fue como nació la idea de *Cartas*, en una mañana fría y lluviosa en la costa de Oregón. Comenzamos a pensar en un libro que celebrase la relación entre madre e hija. Fue un pensamiento que surgió espontáneamente, presentándose como una idea cuya hora había llegado, una ofrenda lista para ser compartida por las madres y las hijas de todo el mundo.

Con frecuencia habíamos hablado de lo importante que sería escribir una carta a cada una de nuestras hijas, expresando nuestro amor y compartiendo nuestros sueños y esperanzas para ellas, un recuerdo que podrían conservar y que les serviría para reflexionar en los años venideros. Parecía que una recopilación de cartas de madres a hijas sería un modo íntimo de compartir esta celebración con el mundo.

Nuestra primera tarea fue determinar cuáles son las cuestiones a las que se enfrentan madres e hijas en la actualidad. Luego tuvimos que encontrar mujeres que estuviesen dispuestas a escribir cartas y a compartirlas públicamente. Amigas y conocidas nos dieron nombres; nuestras listas pronto incluyeron a mujeres de todo el territorio de Estados Unidos y del resto del mundo. Utilizamos las páginas amarillas, artículos en periódicos y revistas, todo aquello que creímos que podría ponernos en contacto con mujeres para este proyecto. Abordamos a la gente en la calle y en la cola de la caja en el supermercado. Tuvimos la sensación de que incluso podíamos marcar un número equivocado y descubrir que realmente no lo era, sino que se trataba de una conexión con otra mujer que quería escribir una carta para el libro. Una llamada telefónica conduciría a otra; un contacto conduciría a diez más.

Cuando comenzamos no teníamos idea del viaje que nos esperaba, ni de las mujeres que tendríamos el privilegio de conocer a lo largo del camino. Empezamos por establecer contacto con personas y comunidades con las que normalmente no nos relacionaríamos en nuestras vidas cotidianas. Pero rápidamente nos dimos cuenta de que no éramos extrañas; compartíamos el terreno común del amor. Muchas mujeres nos preguntaron: «¿Por qué me eligió a mí? No soy nadie especial». La verdad que fuimos capaces de decirles a ellas, y que compartimos en este libro, es que cada persona es importante y tiene algo para ofrecer que sólo ella puede dar. Está demostrado que entre las cosas corrientes es posible encontrar las más milagrosas y extraordinarias.

Nos han sobrecogido y nos han dado una lección de humildad las cartas escritas y compartidas respondiendo a nuestra solicitud, la sabiduría de que hemos sido testigos y el amor que hemos recibido. Se nos ha permitido acceder a los lugares íntimos de los corazones de esas madres y nuestras vidas fueron transformadas por sus palabras. Debido a esta experiencia no volveremos a ser las mismas y por ello estamos profundamente agradecidas. Cuando llegó a ser evidente que este libro era una ofrenda para nosotras, comprendimos que teníamos la responsabilidad de ocuparnos de esa ofrenda y de hacerle honores, a fin de que otras pudiesen compartir su bendición.

La diversidad de las escritoras de cartas nos brindó un tapiz rico en textura, y complejo en color y detalles. Empero, es un tapiz hecho con el hilo común que vincula a unas mujeres con otras, sean cuales sean sus circunstancias, educación, sistema de creencias, cultura, trabajo o edad: lo que ellas desean para sus hijas es un futuro colmado de esperanza, fuerza y valor para hacer frente a los retos, y por encima de todo, una profunda convicción en su valor singular.

Le invitamos a sumergirse en la sabiduría de estas madres, tan generosamente compartida. Ría y llore con ellas. Contenga el aliento cuando sus hijas sigan adelante por su cuenta, y estreche en sus brazos a estas madres mientras experimenta dolor, ternura y alegría.

Hay muchas cosas en el mundo que buscan dividirnos. Nuestra esperanza es que este libro sirva para unir e inspirar a todas las personas que lo lean.

Betty y Janice

Betty nos muestra lo orgullosa que se siente de su hija y que tanto el amor como la felicidad están presentes en su relación con ella.

Querida Janice,

Aprovecho esta oportunidad para decirte lo mucho que te quiero y lo afortunada que me siento de ser tu madre. Mientras escribo esta carta me vienen a la memoria miles de recuerdos nostálgicos e irremplazables de cuando eras pequeña. Eras una niña alegre, generosa, vivaz y cariñosa, y el tiempo se me pasó volando. Antes de que me diera cuenta ya eras una adulta y descubrí que además de una hija tenía una amiga. Espero que una de mis principales virtudes haya sido la de «dejarte hacer», para que pudieras encontrar tu propio camino en la vida. Pienso que mi papel era el de animarte a conseguir tus sueños, para que pudieras experimentar todas las cosas bonitas y enriquecedoras que la vida te tenía reservadas. El amor de un padre puede ser como «el viento que hincha tus velas», puede ayudarte a ser ancha de miras, a tener una mentalidad abierta, tan abierta como una vela extendida. Quiero animarte a hacer todo aquello que para ti sea importante. Quiero que vivas al máximo y que cuando mires hacia atrás tengas muy poco de qué arrepentirte y muchos recuerdos gratificantes de los que sentirte orgullosa.

Debes comprender que las respuestas que buscamos se hallan en nuestro interior. Janice, tú has demostrado tener la fuerza necesaria para encontrar dichas respuestas y ello te ha beneficiado. Has confiado en ti y gracias a ello has encontrado la felicidad. Y has sabido transmitirla a aquellos que amas. ¡Estoy tan orgullosa de ti!

Te quiero con toda el alma,

Mamá

Matilda y Darlene

Matilda, una mujer divorciada de Nebraska que vivía en el campo y sacó adelante a sus tres hijos sin la ayuda de nadie, al enterarse de que su hija va a divorciarse.

Querida Darlene,

No me resulta nada fácil escribir esta carta. Me apena mucho pensar que vas a pasar por todo lo que pasé yo hace años. Ya sé que ahora hay más gente que se divorcia que en 1928, pero no por ello duele menos. Pensaba que tu matrimonio era inquebrantable. Es un golpe muy duro. Supongo que nadie sabe lo que le deparará el futuro.

¿Qué piensas hacer? ¿Vas a quedarte con la casa? ¿Piensas venderla? ¿Qué planes tienes? Puesto que no tengo una casa que ofrecerte, podría ir y quedarme contigo si me necesitas. Me gustaría ayudarte.

Cuando tu padre me dejó me sentía tan sola y tenía tanto miedo. Menos mal que mi padre nos acogió a todos en su granja. Tenía un gran jardín, criaba pollos y vendía huevos. Conseguimos salir adelante. Pero las cosas son distintas hoy en día. La vida es más complicada.

Tienes tres hijos estupendos y si tuviera que darte algún consejo sería éste: sé fuerte, no dejes que te pisoteen y sigue confiando en Dios. Habrá momentos en los que te parecerá imposible seguir aguantando, como me ocurrió a mí. Pero lo conseguirás. No lo olvides.

Te quiero. Seguiré rezando por ti como siempre.

Tu madre

Svetlana y Anna

Svetlana, una inmigrante rusa, muestra su preocupación por las diferencias culturales que existen entre su país y Estados Unidos, y reflexiona sobre cómo influirá el nuevo entorno en su hija adolescente.

Querida hija,

Por la noche entro en tu habitación para darte un beso y arroparte bien, como cuando eras una niña. Estás hecha una mujercita, pero para mí sigues siendo mi pequeña. Antes de que nacieras vivimos dos años en Siberia. No me pusiste las cosas fáciles. Naciste antes de tiempo y estuviste muy enferma. Me hiciste sufrir mucho porque no dormías ni comías. Tenías tan sólo un mes cuando te llevé de regreso a Odessa. De vuelta al calor y al sol del mar Negro.

A tu padre y a mí no nos gustaba lo que estaba ocurriendo en Rusia. La gente es fantástica pero el gobierno no. Las ideas comunistas eran buenas pero no funcionaron. En Rusia ni siquiera la gente con una buena formación podía conseguir un trabajo bien remunerado. Pensamos que América era perfecta. Creímos que todos seríamos más felices aquí.

Llevamos ocho años en Estados Unidos. Tú tan sólo tenías ocho años cuando nos fuimos de Rusia. Ahora eres una hermosa jovencita que trata de encontrar su camino en la vida. Debo confesarte que a veces sufro por ti, sufro por el futuro. Este país es tan distinto del país donde crecí que hay momentos en los que no comprendo lo que te pasa.

Cuando yo era pequeña, en Rusia, mi familia no era pobre, pero nadie nos había regalado nada. Me sentía muy unida a mi madre y a mis dos hermanas pequeñas. Mi madre nos tuvo de mayor. Era muy práctica y a mis hermanas a veces les costaba hablar con ella. A menudo me ocupaba de ellas, y me hablaban de sus cosas. Yo era la que hablaba con mamá y le contaba todo lo que había que contar. Yo respetaba mucho a mi madre, y me encantaba que nos contara historias. Las historias de mi madre eran cuentos de hadas. Sabía muchos.

Tanto en mi familia como en Rusia se daba mucha importancia a la educación. Mis padres hacían todo lo posible para que aprendiéramos. Mi madre fue siempre la que más me enseñó, pero a medida que fui creciendo tuve muchos profesores: Shakespeare, por ejemplo. Yo no me limitaba a leer los libros sino que me dejaba absorber por ellos. Aprendí y comprendí muchas cosas acerca de personas muy distintas. Los personajes de los libros se convirtieron en mis maestros. Cuando me casé tenía mi propia biblioteca en el piso. No paraba de leer.

Las cosas no han sido nada fáciles para ti ni para mí en Estados Unidos. Tengo casi cincuenta años. Tengo que trabajar duro para cuidar de mis hijos. No gano mucho dinero, pero me hago cargo de ti y te doy todo lo que necesitas. Ya sé que tú tienes tu propia lucha. Eres una chica rusa con una familia rusa, pero te encantaría ser americana. Pienso que no estás recibiendo una buena educación. No lees. Nos peleamos con frecuencia. Trato de enseñarte cosas que son importantes, pero tú no me respetas ni a mí ni las cosas que puedo ofrecerte. Pero creo que eres una buena chica, y que esto es normal durante la adolescencia y que algún día me escucharás.

Cuando vivíamos en Rusia obligaba a tu hermana mayor a estudiar inglés todo el tiempo. Los otros niños se quedaban jugando, pero ella tenía que coger los libros e ir a clase. Solía decirme: «Te odio, te odio». Ahora vive en Nueva York. Tiene un buen trabajo y su marido es un buen médico. Ahora me dice: «Gracias por obligarme a estudiar». Algún día me darás las gracias y apreciarás lo que trato de enseñarte.

Anna, quiero lo mejor para ti. Quiero enseñarte a ser una mujer. Recuerdo que cuando tenía trece años y medio un chico que era muy popular en el colegio me admiraba. No era tan guapa como otras chicas, ni tampoco vestía tan bien como lo hacían otras. Pero él quería ser amigo mío. Yo le quería y él me quería. Nunca llegamos a besarnos, tan sólo nos mirábamos el uno al otro. Tengo unos recuerdos tan tiernos.

Nunca me he considerado demasiado guapa y no

obstante los hombres siempre se han sentido atraídos por mí. Así que me preguntaba: «¿Por qué yo?». Ahora lo sé y puedo decírtelo a ti, mi hija. Soy una mujer femenina. Soy honesta y me preocupo por mi aspecto. Me respeto, soy educada y soy fuerte. Quiero que te permitas disfrutar de dichas cualidades. Recuerdo lo que me dijo mi madre. Me dijo que las mujeres debemos ser duras como el acero por dentro. Durante mucho tiempo no entendí lo que quería decir. Ahora sé que se refería a que las mujeres debemos ser fuertes, conocer nuestro potencial y ser capaces de enfrentarnos a cualquier situación porque la vida no es fácil.

Deseo que puedas hablar conmigo y que sepas que puedo ayudarte. Yo todavía hablo con mi madre. Miro hacia el cielo y le cuento cosas sobre mí, sobre mis hijos, sobre cualquier cosa. Me siento muy unida a ella. Puedo oír su voz: «No llores, nunca te abandonaré. Siempre estaré contigo».

Te quiero.

Mamá

Karla y Aisha

Karla nos habla de lo importante que es aprender a querer, hacer realidad nuestros sueños y comprender la singularidad de nuestra propia cultura.

Aisha («Vida» en swahili),

Ha llegado el momento de sincerarme contigo, de decirte aquello que siempre he querido decirte. Te hablo como tu madre, como tu hermana y como tu mejor amiga. Me siento orgullosa de ti por todas las cosas que eres. Me encantaría poder estar a tu lado a lo largo de toda tu vida; sé que serás alguien realmente excepcional. Los dones que Dios te ha concedido son sólo tuyos. Tienes la obligación y el deber de utilizar dichos dones para encontrar tu finalidad en la vida y seguir tu propio camino.

Has sido bien aleccionada por dos personas que estaban cerca de ti, que han sido gángsters y han formado parte de la elite.

Por eso eres alguien tan especial. Recibirás influencias de otros muchos. Hoy en día las mujeres jóvenes pueden aspirar a cosas que yo quería conseguir, pero que no pude lograr a causa de las circunstancias. Las cosas no han sido fáciles para mí; he tenido que luchar por mi vida, por mi identidad, para ser quien soy y por ser como soy en lo más profundo de mi ser. Tú tendrás que enfrentarte con muchas de esas cosas: prejuicios, sexo, racismo, educación, la guerra de los sexos y el dinero.

Así pues, recuerda que la vida consiste en saber escoger.

Quieres ser cirujana. Has estudiado mucho. Aspiras a mucho. Trabajaré día y noche hasta que consigas tu meta para demostrarte que tu educación es lo que más me importa. Hoy en día la educación es fundamental. Sin una buena preparación uno muere tal y como nació, pobre como las ratas. Muchos de los nuestros han fracasado en la vida y han acabado cayendo en las drogas, el alcohol, el crimen, el racismo, un embarazo no deseado y el divorcio, perdiendo toda esperanza y renunciando al futuro.

La falta de esperanza acaba con los nexos culturales. Deja que me explique. Mira, en el pasado, los africanos éramos personas de carácter distinguido, nos iban bien las cosas, recibíamos una buena educación y una buena formación artística. Entonces nos separaron violentamente de nuestras raíces, nos desprogramaron, nos volvieron a programar y nos embarcaron con destino a América. Nos golpearon a menudo hasta matarnos, nos separaron de nuestras familias cortando cualquier tipo de comunicación entre unos y otros, y nos obligaron a trabajar como esclavos en los campos. Tenemos que agradecer a nuestros antepasados que fueran capaces de sobrevivir a todo aquello, que consiguieran preservar la verdad. Tú has heredado además otra característica compleja, la de ser descendiente de los indígenas americanos. Desde que el hombre blanco llegó por primera vez a América, los indios nativos se dieron cuenta de su forma de actuar, de toda la destrucción que traía consigo, y se apiadaron de los esclavos negros. Así pues, los indios se hicieron cargo de nosotros, nos escondieron y nos protegieron de los cazadores de recompensas, nos proporcionaron alimentos y ropa.

He tratado de enseñarte que debes ser independiente, decidir por ti misma, planificar tu vida y ganar tu propio sueldo. Si vas al instituto, te compras tu propio coche, estudias medicina y financias tu propia casa, no podrán manipularte. Cuando estés preparada para casarte, encuentra un hombre competente que pueda satisfacer tus necesidades emocionales. Luego juntos podréis decidir acerca de los hijos. ¡No te cierres ningún camino! Si tienes una buena educación y ganas un buen sueldo te resultará más fácil conseguirlo.

Siempre he creído que el respeto a la diversidad es algo que se enseña. Cuando hablo de diversidad no me refiero únicamente al color de la piel, a la raza o al credo de cada uno, sino también a los racistas que está claro que nunca cambiarán y que al final tendrán que responder ante el mismísimo Dios Todopoderoso. De modo que hazte siempre esta pregunta: «¿Qué se consigue haciendo sufrir a los demás?». Recuerda que tú podrías ser dicha persona. Escucha tu voz interior (el tercer ojo) y haz lo que te parezca correcto.

Me entristece ver que los jóvenes de tu generación piensan que pueden vivir tal y como lo hicieran sus padres y abuelos, sin ir al colegio, creándose adicciones y comportándose como si tuvieran la cabeza llena de serrín.

Tus ganas de ayudar a los demás y de involucrarte en su vida se verán recompensadas. Nosotras, las mujeres, raramente nos concedemos tiempo para descansar y renovar energías. De modo que, además de preocuparte por los demás, piensa un poco en ti misma y, de vez en cuando, antepón tus necesidades.

Aisha, pienso que nada ni nadie pueden romper el vínculo que nos une. Empezó a crearse cuando te concebí y con los años se ha ido fortaleciendo. Festejamos nuestra vida en común, nuestra herencia del pasado y el futuro que está por llegar. Me siento tan orgullosa de todo lo que has conseguido y conseguirás. Espero que sigas esforzándote para poder alcanzar tus sueños y aspiraciones. Pídeme ayuda siempre que la necesites y cuéntame todo lo que te ocurra. Recuerda, Dios es tu principal aliado y nunca te abandona.

Siempre te querré.

Mamá

Julia y Debbie

Julia, una ex alcohólica, agradece a su hija Debbie lo mucho que la ayudó para superar su problema.

Querida Debbie,

Hoy es mi cumpleaños. Esta mañana me he acordado de ese terrible 5 de febrero de 1981, cuando te llamé desde mi trabajo para decirte que tenía que ir al hospital. Lo que a ti te preocupaba era saber qué me pasaba, qué tipo de dolencia física padecía. Sin embargo mi problema era otro.

Nunca olvidaré tus sollozos ni el tono asustado de tu voz: «Por favor, mamá, dime qué te pasa». La voz me temblaba de miedo y vergüenza cuando te contesté. Estaba muy confundida, no sabía cómo decírtelo. «Debbie, tengo un problema... un problema con el alcohol. Soy una alcohólica.» Nunca he pasado tanta vergüenza ni me ha costado tanto decirte algo. Al otro extremo de la línea podía oír tu respiración entrecortada y sabía que eras incapaz de decir nada. Automáticamente exclamé: «Por favor, no llores, no te avergüences de tener una madre alcohólica». Después de una larga pausa susurraste: «Mamá, no lloro porque seas una alcohólica ni porque me avergüence de ti. Lloro porque finalmente Dios ha escuchado mis súplicas». Entonces las dos nos pusimos a llorar, felices y aliviadas. Durante la primera etapa de mi recuperación tuve que pedir perdón a la gente a la que había herido con mis actos o mis groserías bajo los efectos del alcohol. Me costó muchísimo deciros a ti y a tu hermano lo mucho que sentía haberos hecho sufrir tanto. No obstante, librarme del sentimiento de culpa que me provocaba el modo en que me había comportado me dio una gran paz interior.

Deb, siempre te estaré agradecida por haberme dejado expresar mi tristeza y mi vergüenza egoísta. Mientras yo te contaba todo aquello que me remordía la conciencia tú permanecías sentada junto a mí, con aquella sonrisa dulce y sosegada, escuchándome y aceptándome con todo tu amor. Yo te decía: «Me siento tan mal por haber sido una mala madre y por haberte fallado tanto». Y tú respondías sin alterarte: «Nunca has sido una mala madre, nunca nos has fallado. Simplemente desapareciste durante diez años... Ahora has vuelto».

Hoy, gracias a tu paciencia, puedo celebrar que vuelvo a estar sobria. He escrito esta carta para darte las gracias por ser la alegría de mi vida y la prueba viviente de mi buen estado actual.

Tu madre que te quiere.

Julia

Laramie y Rachelle

Laramie nos explica lo mal que lo pasaron su hija y ella cuando dependieron de la beneficencia, y le pide a su hija que no olvide nada de lo que aprendió durante aquellos años.

Querida Rachelle,

Cuando tenías tres meses, tu padre nos dejó y se fue con otra. Aunque hablamos de ello y tú comprendiste que a pesar de todo él seguía queriéndote, las cosas no fueron nada fáciles. Tuvimos que ponernos en contacto con una asociación benéfica, y eso fue muy duro. Recuerdo perfectamente el día que fuimos al centro al que nos habían remitido y me dijeron que quizá tendría que esperar todo el día para poder ver al asistente social. Y nos pasamos todo el día allí, esperando.

Aquel día vi por primera vez una pequeña luz al final del túnel. El asistente social me dijo que el Estado se hacía cargo temporalmente de familias como la nuestra. Temporalmente significaba que no iba a ser siempre así. Durante dos años y medio vivimos con muy poco. Nos daban 476 dólares al mes, queso, cereales y zumo gratis, y 189 dólares en una especie de vales que recogíamos mensualmente en la oficina de correos y podíamos canjear por comida. Una miseria para una familia de cuatro miembros. Era realmente difícil vivir con tan poco dinero y sin coche. No podía comprarte ni ropa bonita ni juguetes. Comimos un montón de macarrones. Pedí una beca y me puse a estudiar. Estaba decidida a conseguir que las cosas mejoraran. Quiero que sepas que lo que me hacía seguir adelante era pensar que podría darte un futuro mejor.

Dos años y medio más tarde las cosas cambiaron. Llamé al asistente social y le dije que no volvería a verme. Me puse a trabajar por mi cuenta. Recuerdo con especial ilusión los días que venías a verme y me traías algo que habías hecho para decorar mi oficina. Te miro y veo a una jovencita humilde que sabe muy bien lo que es ser pobre y que está siempre dispuesta a compartir o incluso a renunciar a lo que es suyo para hacer felices a los demás. En Navidad, cuando recolectamos dinero para el Ejército de Salvación, siempre comentas que casi todas las donaciones las hacen los más pobres. Es porque ellos saben lo que significa no tener nada. Pero también saben que siempre hay alguien que tiene menos.

Ser madre es lo mejor que me ha pasado en la vida. Ya sé que no podré protegerte siempre, ni evitar que sufras, pero quiero que sepas que puedes contar con algo muy valioso que no se puede comprar con dinero: el amor de tu familia. Cuando las cosas nos iban mal aprendí que lo importante es ser amable con los demás, sean quienes sean. No des nunca nada por sentado. Y no dejes de repetirte siempre que puedes conseguirlo.

Porque puedes conseguirlo. Eso es lo que deberíamos haber aprendido de la adversidad. No lo olvides nunca. Me siento muy orgullosa de ti. Me conforta saber que cuando seas adulta te resultará más fácil superar las adversidades gracias a todo lo que has aprendido durante la niñez.

Quiero darte las gracias por haberme dado tu amor y tu apoyo incondicional, justo lo que necesitaba para ser una madre fuerte. Te quiero, bonita.

Con cariño.

Mamá

Pamela y Miriah

Pamela, que está cumpliendo condena por un delito relacionado con drogas y pronto será puesta en libertad, nos cuenta qué es lo que espera del futuro junto a su hija.

A mi pequeña

Quiero decirte tantas cosas que no sé por dónde empezar. Empezaré diciendo que te quiero. Eso es lo que me hace seguir adelante. Tan sólo tenías ocho meses cuando volví a caer en las drogas. Trataba de encontrar un poco de paz para olvidar la gran tristeza que me embargaba. Eras tan pequeña. Tan inocente. Deseaba que no te hicieras nunca mayor, que no crecieras nunca. Temía por tu inocencia. Temía por ti.

Mientras estaba en estado de coma a causa de las drogas tuve un sueño que nunca olvidaré. En él aparecías tú con tu dulce sonrisa y tu mirada inocente. También había un ángel que me preguntaba si estaba preparada para irme. Yo le contestaba: «Todavía no, mi hijita me necesita. No puedo abandonarla ahora». Lo soñé varias veces; ahora sé, sin embargo, que no se trataba de un sueño. No estaba preparada para morir. No podía dejarte sola porque aún tenía muchas cosas de la vida que debía enseñarte.

No quiero que te ocurra lo mismo que a mí. Quiero estar a tu lado para poder ayudarte y para evitar que cometas los mismos errores que yo cometí. Sé perfectamente que no puedo evitar que pruebes las drogas pero puedo explicarte lo que significa ser adicto a las drogas, cómo era yo, la pesadilla que viví y que casi me costó la vida.

Recuerdo tu sonrisa y cómo te brillaban los ojos el día que la abuela te trajo al hospital, cuando salí del estado de coma. Tan pronto como me viste, extendiste los brazos hacia mí y dijiste: «mamá». Yo alargué los brazos para cogerte y tú saltaste de los de la abuela para venir conmigo. Cuando te tuve entre mis brazos supe que me había sido concedida una segunda oportunidad. Pequeña mía, Miriah, ¿qué habrías hecho si tu mamá se hubiera muerto esa noche, muerto de una sobredosis? Qué duro te habría resultado hablarles a tus amigos de mí. Te habrías avergonzado de mí, y te sentirías traicionada, mi pobre niña.

He aprendido que si hay algo que no quiero es que sufras las humillaciones que sufre una drogadicta, las que yo tuve que padecer. Estoy convencida de que tu ángel de la guarda nos tiene reservado algo mejor. Siempre te protegeré de mi horrible pasado, por eso te explico que casi me pierdes esa noche. El temor a que siguieras mis pasos me hizo volver al mundo de los vivos, para poder llevarte por otros derroteros. Dentro de algunos años, cuando tengas edad suficiente, tú y yo nos sentaremos a leer esta carta, para que comprendas que sigues siendo mi pequeña y que tú has sido y sigues siendo el motivo de que yo haya salido adelante en la vida. Fuiste tú la que me hizo dejar definitivamente las drogas, la que me hizo comprender mis errores, y espero que gracias a mí tú no las llegues a probar nunca.

Te quiero, Miriah Jean.

Mamá

Ursula y Julie

Arabelle, la hija de Ursula, murió a los 15 años atropellada por un conductor que conducía borracho. En esta carta nos habla de lo feliz que fue gracias a Arabelle y a Julie, su otra hija, y de lo feliz que sigue siendo gracias a esta última.

Querida Julie,

Todavía me pongo triste cuando pienso en la muerte prematura de tu hermana que te convirtió en hija única. Asumiste la dura carga de ser las dos, Arabelle y Julie, algo sin duda demasiado duro para ti. Y a pesar de todo, te has convertido en toda una mujercita.

Pero ¿cuándo empezó todo? Cuando era pequeña me enseñaron que si yo era buena nunca me ocurriría nada malo. Que, si trataba de complacer a todo el mundo, los demás me querrían. Y durante mucho tiempo fue así. Pero entonces, un buen día, me ocurrió algo malo. Bien mirado, que Arabelle fuera concebida con amor no fue malo del todo. En ese momento de mi vida descubrí que la vida nos obliga a escoger. Yo elegí tener un hijo sin estar casada en un tiempo en que eso era considerado algo vergonzoso e impropio. Era una deshonra no sólo para mí, sino también para mis padres. Pero fui recompensada con una hermosa niña. Todavía no sé por qué le puse un nombre tan poco corriente, Arabelle. Como tú y yo sabemos, era alguien muy especial, que nació con una misión: hacerme reír, llorar y madurar.

Arabelle, si estuvieras aquí te haría saber lo mucho

que te he querido. Me enseñaste tantas cosas en el breve tiempo en que fuiste mía. De ti aprendí a poner en práctica el dicho: «Si no se te ocurre nada agradable que decir acerca de alguien, es mejor que no digas nada». Amabas la vida y sabías vivir, y me hiciste comprender que, aunque la vida no sea tal y como habíamos planeado, no por ello deja de valer la pena; basta con querer seguir adelante. No se trata de olvidar el pasado (los recuerdos pueden ser muy hermosos), se trata simplemente de no quedarse estancado pensando en lo injusta que es la vida. Por ello te doy las gracias.

Julie, si hay algo que me gustaría decirte es esto: como he dicho al principio de esta carta, la vida es una sucesión de decisiones que debemos tomar. Tú pareces tenerlo muy claro. Pero no debes olvidar que algunas decisiones pueden ser realmente difíciles. Utiliza el sentido común. Escucha tu voz interior y encontrarás la respuesta adecuada. A veces eso requiere paciencia y un poco de tiempo, de modo que tranquilízate y haz caso de lo que te dicte el corazón.

Me siento orgullosa de ser tu madre, y tenerte como hija me colma de felicidad y me hace sentir muy afortunada.

Siempre te querré.

Mamá

Sandra y Shelley

Sandra, cuya hija tiene espina bífida, admite que el nacimiento de su hija fue un milagro y que ambas deben enfrentarse a constantes retos.

Querida Shelley,

Todavía recuerdo lo feliz que me sentí la primera vez que te estreché entre mis brazos. Eras muy pequeñita pero mientras te abrazaba comprendí que era un milagro que te tuviera allí conmigo.

Dos meses antes de que nacieras los médicos me dijeron que había ciertas complicaciones. Me explicaron que habías dejado de crecer y me aconsejaron que te tuviera antes de tiempo para prevenir futuros problemas. Dejaron claro, no obstante, que provocarme el parto antes de tiempo implicaba los mismos o incluso más riesgos. Recuerdo que estaba tan asustada que era incapaz de tomar una decisión. Al final opté por tener fe y seguir adelante con el embarazo, a pesar de lo que me habían dicho los médicos. Y allí estabas tú, entre mis brazos; verdaderamente parecía un milagro, un precioso don que me había sido concedido por Dios. Los médicos me dijeron que debías permanecer algunos días más en el hospital a causa de tu peso –1,8 kilogramos–, de modo que me fui a casa sin ti. Fue tan duro dejarte allí, en el hospital. Me sentía engañada, abandonada y vacía. Puesto que era una madre soltera, tuve que arreglármelas sola y sacar fuerzas de flaqueza. Fue la semana más angustiosa, tensa y larga de mi vida.

Pero pronto estuviste conmigo en casa y empecé a descubrir los secretos de la maternidad. Las noches sin dormir y las lágrimas que compartimos establecieron un vínculo muy especial entre nosotras. Un buen día sonreíste por primera vez, y supe que habías descubierto que la vida también tenía su lado alegre, además de su lado triste y doloroso. Al cabo de nueve meses te llevé de nuevo al hospital donde habíamos empezado nuestra vida conjunta. Te hicieron varias pruebas y un especialista me explicó que habías nacido con la espina bífida y con una lesión cerebral. Tendrías problemas de aprendizaje y era posible que nunca aprendieras a caminar a causa de tu problema espinal.

Fue un golpe muy duro y me quedé destrozada. ¿Cómo podía ser? ¿De dónde iba a sacar las fuerzas y el coraje necesarios para sacar adelante a alguien que necesitaba tanta ayuda? Me invadió un sentimiento de culpa, de miedo, de impotencia, de enorme tristeza, y me sentí terriblemente frustrada.

Durante dos años te hicieron pruebas y más pruebas. Yo también me sentía como si me estuvieran poniendo a prueba. Traté por todos los medios de superar el sentimiento de culpa y de aceptarlo, de olvidar mis miedos por medio de la fe y de la valentía, de dejar atrás la sensación de impotencia esforzándome cada día un poco más, de sustituir la tristeza que me había ocasionado el conocimiento de tu enfermedad por alegría, y de arrinconar mis frustraciones mirando con esperanza el futuro.

Descubrí que te quería por encima de todo. Pero ¿bastaba ese amor para superar todo lo que se nos venía encima? ¿Sería suficiente el amor cuando todo lo demás pareciera fallar? Yo creía sinceramente que sí. Después de derramar muchas lágrimas y de rezar muchas oraciones, conseguí superar todas las barreras. Diste el primer paso, el primero de los muchos que ibas a dar para superar los desafíos con los que tendrías que enfrentarte.

Sé que para ti no ha sido nada fácil. Sé que ha habido momentos en los que te has sentido engañada y sola, cuando los demás no contaban contigo por considerarte diferente. Has tenido miedo y has dudado cuando has intentado hacer algo que no podías conseguir sin mucho esfuerzo. Te has sentido triste cuando alguien se burlaba de ti por ser como eras. La vida para ti siempre será un reto. A veces deberás tomar decisiones difíciles. Y a veces te invadirán el miedo y las dudas, la impotencia, la tristeza y una gran frustración tal y como me ocurrió a mí.

Mi consejo es que dejes atrás el miedo y las dudas, y

que te guíes por la fe. En lugar de sentirte impotente, utiliza el sentido común y esfuérzate cada día un poco más. Y lo más importante de todo, deja que el amor te ayude a superar cualquier problema. ¡El amor lo puede todo!

Gracias, Shelley, por todos los buenos momentos que me has hecho vivir, por el amor constante que siempre nos has dado a los demás y a mí. Te apoyaré y te amaré mientras tú sigues superando los numerosos desafíos de tu vida.

Siempre te he querido y siempre te querré.

Mamá

Eunice y Dianne

Eunice nos cuenta lo que sintió al perder al que había sido su marido y compañero durante más de cuarenta años.

Querida Dianne,

A todos nos gusta imaginarnos cómo será nuestra vida. Hasta el 4 de marzo de 1987 he tenido la suerte de conseguir todo aquello que siempre había soñado. Quería casarme, ser una mujer de mi casa y tener hijos. He sido muy afortunada.

Conocí al hombre de mis sueños, a mi príncipe azul, en 1942. Hacíamos tantas cosas juntos. Pasábamos mucho tiempo al aire libre. Tu padre era un hombre inquieto; le encantaba cazar, pescar, hacer excursiones y, por supuesto, las motos. ¿Recuerdas cómo os gustaba a ti y a tu hermano ir en el sidecar?

Acababa de empezar la primavera y lucía un sol espléndido. Papá llegó de trabajar y decidió ir a dar un paseo. Hacía ejercicio todos los días, de modo que no tenía nada de extraño. Sobre las 17.15 yo estaba en la cocina y de repente sentí un extraño dolor en el pecho que me impedía respirar con normalidad. Recuerdo que pensé que se lo contaría a tu padre cuando llegara a casa. Papá era siempre muy puntual, de modo que cuando vi que eran las 17.45 y no había regresado, supe que le había pasado algo. Había oscurecido y supe que debía salir a buscarlo. Llamé a algunos amigos que conocía de la iglesia y les dije que Jay se había perdido. (Yo sabía que no se había perdido. Conocía la zona como la palma de su mano.) Un grupo de unas treinta personas iniciamos la búsqueda.

Regresé a casa sobre las 23.30 de la noche para telefonearte. Me dijiste que si volvía a salir en su búsqueda me llevara varias prendas de abrigo porque papá debía estar helado y podía coger una pulmonía.

Al día siguiente los amigos no me dejaron que siguiera buscando. A las 9.15 vino a verme el cura y me dijo: «Hemos encontrado a Jay; se ha ido al cielo». Me quedé helada. Tenía que verle. Convencí a alguien para que me llevara a su lado. Allí estaba, tendido en el suelo, con una expresión de sorpresa e incluso de felicidad en la cara. Si hubiera estado sentado o de pie habría dicho que tenía las manos extendidas hacia el cielo. Me dijeron que había muerto sobre las 17.15 de un ataque al corazón.

Desde entonces, los días me parecen terriblemente largos y vacíos. El día me parece interminable, y la noche también. Todo el mundo me dice que la vida continúa. Es verdad, los demás seguimos existiendo. Pero yo perdí a mi marido y a mi mejor amigo, y me resulta muy difícil hacerme a la idea.

Sin tu ayuda y tu cariño no habría salido adelante,

Dianne. Eres un gran consuelo para mí. No sabes el bien que me hace oír tu voz o ver tu cara. Te pareces tanto a tu padre. La gente suele preguntarme si no me resulta duro que te parezcas tanto a él. «De ningún modo –les digo–. Es reconfortante.» Ya sé que a veces soy pesada, y que pregunto lo mismo una y otra vez, pero tú has tenido mucha paciencia y me has apoyado mucho, y te estoy profundamente agradecida por ello. Sé que echas mucho de menos a tu padre, y espero que encuentres consuelo en mí.

Dianne, paso mucho tiempo pensando en el pasado. Tu padre y yo fuimos muy felices. Y ahora me siento tan vacía. No puedo evitar pensar en tu futuro, y me gustaría que planearas las cosas con tiempo. Habla con tu marido sobre las cuestiones económicas, sobre los posibles problemas que pudieran surgir, sobre las cosas que habría que tener en cuenta si uno de los dos muriera de repente. Decíos lo mucho que os queréis y dad gracias por cada día que pasáis juntos. Perder al marido es algo muy duro, pero si además no sabes cómo manejarte en la vida, resulta insoportable. Por favor, déjame ayudarte.

Te quiero muchísimo.

Tu madre

Lulin y Dan Dan

Lulin, que decidió dejar a su hija de seis años en China e irse a Estados Unidos en busca de un futuro mejor para ambas, se da cuenta de que, por muchas razones, su lugar está junto a su hija.

Querida Dan Dan (« Buena suerte» en chino),

Anoche te llamé por teléfono y me preguntaste: «Mamá, ¿cuándo vas a volver?». No pude evitar llorar. ¿Cuándo? No lo sé y te aseguro que me encantaría saberlo. Desde hace algún tiempo, cada vez que te llamo y te digo que te quiero, me haces la misma pregunta: «Si es verdad que me quieres, ¿por qué no vienes nunca a verme?». Nunca sé qué responder. Tan sólo tienes seis años, y este último año ha sido muy difícil para ti. No puedo pretender que comprendas que estoy lejos de ti para conseguir que en el futuro las cosas nos vayan mejor.

Hace un año que me fui de China y vine a Estados Unidos con la intención de estudiar y trabajar. Muchas personas me han preguntado si me gusta América. Siempre digo que en esta parte del mundo puedo ser yo misma a pesar de ser una mujer. Por esto he estado intentando por todos los medios traerte aquí. Quería que pudieras crecer libremente y ser tú misma.

Es posible que ahora no acabes de entenderlo. ¿Por qué no quería regresar a China? A causa precisamente de los valores tradicionales y culturales propios de la China. En la cultura china, la mujer ha sido siempre considerada una propiedad del hombre. Los cinco mil años de feudalismo han servido para desarrollar un sistema que oprimía a las mujeres. La dinastía Song estableció la teoría de las Tres Obediencias, con la que la sumisión de la mujer alcanzó su punto más álgido. En casa debía obedecer a su padre; después de la boda debía obedecer al marido; y si enviudaba debía obedecer a su hijo. Dicha teoría era transmitida de generación en generación y quedó profundamente grabada en la mente de los chinos. La única misión de la mujer era complacer a su marido y a sus familiares, nunca a sí misma. Mi familia se regía de acuerdo con estos principios. Los hijos eran valorados; las hijas no.

Vine a América soñando con una vida mejor, que me ofreciera nuevas oportunidades, que me permitiera escoger y, sobre todo, ser yo misma. Desde que estoy en Estados Unidos he realizado varios trabajos de investigación sobre la mujer. He dado conferencias sobre nuestra historia y nuestra cultura, y sobre la vida de las mujeres en China. Y he trabajado como traductora e intérprete.

No obstante, he descubierto que soy quien soy en parte gracias al amor que siento por ti y a mi relación contigo. Sin ti, mi sueño es incompleto. Contemplo una hermosa puesta de sol y sin embargo estoy triste. Salgo a dar un paseo pero soy incapaz de apreciar todas las cosas bonitas que hay a mi alrededor. Todas las estaciones me parecen tristes.

Dan Dan, pronto volveré a casa. Me doy cuenta de que lo importante es que estemos juntas, sea donde sea. Todo lo que quiero es poder estar junto a ti con los ojos bien abiertos, con todos mis conocimientos. Quiero estar contigo para poder enseñarte a hablar inglés, para ayudarte a hacer los deberes. Y, lo que para mí es más importante, quiero compartir contigo todo lo que he aprendido en América.

Sé que cuando vuelva a casa las cosas no serán nada fáciles. Pero creo que podré conseguir que seamos una familia y enseñar a tu padre todo lo que he aprendido en Estados Unidos. En la cultura china, los hijos de padres divorciados no consiguen sobrevivir. Son menospreciados. No quiero que esto te ocurra a ti. De modo que, sean cuales sean las consecuencias, creo que mi obligación es estar junto a tu padre para que tengas una familia de verdad.

¡Pronto estaré de nuevo en casa!

Te quiero.

Mamá

Amy y Molly

Amy, una mujer que es enana pero cuya hija no lo es, nos cuenta sus experiencias y cómo ha aprendido a respetar y aceptar las diferencias.

Querida Molly,

Cuando me enteré de que estaba embarazada me sentí la mujer más feliz del mundo, y cuando al nacer me dijeron que estabas sana pensé que Dios había escuchado mis súplicas. Pronto serás una hermosa jovencita. Estás llena de vitalidad y te encanta probar y experimentarlo todo. Espero que siempre sea así. Te deseo tantas cosas...

Para mí lo más importante es hacerte comprender lo mucho que te quiero. Confío en que llegues a conocer a Dios y en que aprendas qué cualidades son realmente importantes: el amor, la humildad, la misericordia, la honradez, la sinceridad... Espero ser un buen ejemplo para ti.

Espero que seas capaz de apreciar todas las cosas maravillosas que hay en este mundo y las distintas personas que tendrás oportunidad de conocer a lo largo de tu vida. Deseo que confíes en ti misma tanto como yo lo hago, y que descubras que el aspecto exterior no lo es todo sino que lo verdaderamente importante es la belleza interior. Confío en que cuando pienses en las cosas que has hecho puedas sentirte orgullosa y decir que hiciste todo lo que estaba en tu mano.

A mí me costó mucho creer en mí, o al menos llegar a comprenderme. Tardé mucho en aceptarme y en dejar de pensar que era diferente, un bicho raro incapaz de encontrar cuál era su sitio. Me encontraba a gusto con mi familia y con algunos amigos íntimos, pero poca cosa más. Al principio no me importaba ser una enana. Pero cuando empecé a ir al colegio descubrí que el aspecto externo y la apariencia personal eran muy importantes y las cosas se complicaron.

No era nada fácil superar la actitud y las reacciones de la gente. A veces no podía evitar que me afectara negativamente. Mi padre y mi madre me enseñaron que debía confiar en mí, que podía conseguir cualquier cosa que me propusiera independientemente de lo que pensaran los demás. Yo sabía que tenían razón, que las cosas eran así, pero a la hora de la verdad era incapaz de demostrarlo.

Trataba de convencerme de que el hecho de que me escogieran la última cuando se trataba de hacer equipos, o de que me consideraran una conocida en vez de una amiga íntima, o de que ningún chico me invitara a salir, no era importante. Nunca entendía realmente por qué era así. Siempre me consideré una buena persona, sólo que más baja. Pero para los demás yo no era normal.

Me obligué a probar otras cosas, por ejemplo, entrar

a formar parte de un grupo de animadoras (no lo conseguí) y de una banda de música (estuve en ella durante tres años). Estaba convencida de que nunca me casaría ni tendría hijos, incluso cuando me hice socia de la organización Gente Menuda de América y conocí a un montón de personas que eran enanas como yo. Seguía pensando que yo era distinta. No conseguía hacerme a la idea de que tenía el mismo aspecto que ellos.

Creo que dejé de quejarme acerca de mi aspecto cuando empecé a ir a la universidad. En seguida me di cuenta de que podía hacer muchas cosas, las mismas cosas que hacían los demás, tan sólo con alguna que otra diferencia. La gente me parecía más madura, más abierta y más tolerante. Empecé a aceptar mi estatura. Me costó mucho encontrar mi primer trabajo, pero poco a poco las cosas empezaron a mejorar.

En realidad, nunca había perdido la esperanza. Un buen día conocí a tu padre, que también era socio de la organización Gente Menuda de América, y tuve la gran suerte de ser madre. Naciste tú, y tus hermanos, y el que está en camino.

No olvides nunca que te quiero. Nunca dejes de hacer nada por lo que los demás te digan o puedan pensar. Confía en tus posibilidades y da siempre lo mejor de ti misma. Cometerás errores y a veces te vendrás abajo, pero espero que de lo más profundo de ti misma consigas extraer las fuerzas suficientes como para rehacerte y seguir adelante.

Tropezarás con todo tipo de personas. A veces te costará distinguir entre la realidad y las apariencias. No te conformes con la primera impresión. Esfuérzate por conocer a las personas. Trata de descubrir qué esconden en sus corazones, en sus actitudes, en su forma de comportarse. Tan sólo así sabrás cómo son realmente. Si te conformas con lo que se ve a simple vista, te perderás muchas cosas.

¡Te quiero con toda el alma!

Mamá

Geneva y su hija

Geneva nos cuenta lo orgullosa que se siente de las muchas virtudes que tiene su hija.

Querida hija,

Cuando naciste me sentía tan feliz que apenas podía contener mi alegría. Una preciosa niña de dos kilos setecientos después de varios niños que pesaban cuatro kilos trescientos al nacer. Supe que Dios estaba de mi lado.

Todos estos años, mientras te veía crecer y convertirte en una hermosa jovencita, he sido más feliz de lo que nunca hubiera imaginado. Y además, eras valiente. Además de tener talento, eras una ganadora nata. Siempre entre las primeras de la clase, una alumna ejemplar; todos te querían, tanto los alumnos como los profesores. Y eso que no lo tenías nada fácil. Tan sólo había dos o tres familias de color en la zona y sé que tuviste que enfrentarte con ciertos prejuicios. Perdóname por haberte educado como si tu piel fuera del mismo color que el de las otras chicas. No quería que te sintieras discriminada ni que tuvieras que renunciar a ninguno de tus sueños por problemas raciales. Deseaba que pudieras extender tus alas y simplemente echarte a volar. Y eso fue lo que hiciste. Tu padre y yo trabajábamos duro y nos esforzábamos para demostrarte que el que desea algo de verdad puede conseguirlo y que tú podías lograr cualquier cosa que te propusieras. Estoy segura de que recuerdas lo que solía repetir una y otra vez cuando eras más pequeña: «Con la ayuda de Dios, todo es posible».

Recuerdo muy especialmente la rabia y la sensación de impotencia que experimenté, y lo defraudada que tú te sentiste, estoy segura, el día que te marchaste a la universidad con tan sólo seis dólares en el bolsillo. Era todo lo que tenía. Aquel día, el único consejo que pude darte fue que fueras a ver al decano y le preguntaras si podía ayudarte de algún modo. No te gustaba la idea pero no tenías elección. Gracias a tu esfuerzo y tu insistencia, conseguiste una beca; nunca me había sentido tan orgullosa como cuando te graduaste por la Universidad de Oregón. Quién podía imaginarse que tu amor por la palabra escrita y tu pasión por la justicia te llevarían a hacer una carrera, y que te dedicarías a luchar por las minorías y por los estudiantes que no tienen recursos suficientes para acceder a la universidad. Ahora eres una mujer madura y la madre soltera de un niño, mi único nieto. Me sorprende lo fuerte que eres y tu capacidad para superar relaciones realmente negativas y problemas de salud que a mí me habrían dejado fuera de combate. Todavía estoy aprendiendo a conocerte y a comprenderte en todo tu esplendor. En el pasado no pude estar a tu lado para ayudarte emocionalmente en los momentos difíciles pero ahora que has regresado del este y vives conmigo Dios me ha concedido la oportunidad de estar junto a ti. A veces no sé muy bien cómo utilizar este privilegio, pero sé que tú sabes que puedes contar conmigo para lo que sea. Estoy muy orgullosa de ti.

Cientos de besos y abrazos.

Tu madre

Linda y Jessica

Una vez superada su adicción, Linda espera poder ayudar a su hija y a otras mujeres a ser autosuficientes.

Querida Jessica,

Ahora que estás a punto de convertirte en una mujer me gustaría decirte algo. Me cuesta encontrar las palabras adecuadas o el momento oportuno para contarte todo lo que quiero contarte. Tan sólo espero que sigamos siendo amigas, además de madre e hija, y que podamos continuar hablando sin tapujos de cualquier tema.

Haría cualquier cosa por mantenerte alejada de aquello que pueda hacerte daño. Me gustaría poder evitarte cualquier experiencia dolorosa, pero eso implicaría no dejarte aprender por ti misma. A todos nos gusta aprender y es lo que le da sentido a nuestra existencia. Estamos en este mundo para aprender y evolucionar. Nuestra mente, nuestro cuerpo y nuestra alma se mueren por saber y ser cada vez más. Satisfácelos. Aprende todo lo que puedas. Sé consciente de los riesgos que corres pero no permitas que éstos te detengan.

Me has visto correr riesgos inútiles y cometer errores estúpidos por no sopesar los pros y los contras muchas veces. Mi adicción y mi egoísmo te han hecho mucho daño. Me gustaría tener la oportunidad de volver a empezar de cero, para que pudieras verme como una verdadera madre.

Sé que los problemas con los que has tenido que enfrentarte en el pasado te han hecho madurar antes de tiempo. Durante la infancia has tenido que hacer frente a cuestiones y sentimientos propios de los adultos. Te viste obligada a ser lista y práctica. Eres inteligente y perspicaz, tanto que a veces se me olvida que aún eres muy joven. No desaproveches tus años de juventud. A tu edad hay que hacer tonterías, llorar, sentirse confusa y tener miles de dudas. Más vale que lo tengas claro desde este preciso instante, porque cada vez te harás preguntas más difíciles, y la única solución consiste en creer en uno mismo y pensar que serás capaz de salir adelante pase lo que pase. No quieras resolverlo todo de golpe y concédete tiempo para conseguir aquello que más te cuesta. Si de verdad quieres lograrlo, con el tiempo encontrarás el modo de hacerlo.

Espero que sepas lo mucho que te quiero, lo hermosa que eres y lo orgullosa y feliz que me siento de ser tu madre. Quiero darte lo mejor y hay tantas cosas que a veces no sé si lo conseguiré. He aprendido, no obstante, a aceptar mis limitaciones y a disfrutar de lo que tengo. Tenemos problemas económicos. Hemos tenido que superar la pérdida de tu padre y la muerte de tu padrastro. Debemos enfrentarnos a retos como la escuela, el trabajo y la familia, pero lo hacemos del mejor modo posible, las dos juntas. Estamos aprendiendo a ser generosas, no porque nos sobre nada, sino porque sabemos lo que significa no tener nada y estamos dispuestas a compartir lo que tenemos. Estamos convencidas de que nunca nos faltará de nada y la vida nos demuestra una y otra vez de forma milagrosa que es verdad. Basta con estar dispuesto a ayudar a los demás, con ser un buen amigo y con tener fe.

La vida es mucho más agradable cuando se comparte con aquellos que nos aman y nos aceptan. Trata de ser una de estas personas a lo largo de tu vida. Es muy importante que escojas bien las personas con las que te juntas, porque de ello dependerá la opinión que tengas de ti misma. No debes permitir que nadie te menosprecie. Tú posees dones y virtudes que no tiene nadie más. Eres única, alguien muy especial, alguien que no tiene precio y a quien todo el mundo ama. Cualquiera que intente hacerte creer lo contrario es un embustero o no sabe lo que dice. No renuncies jamás a tu identidad, a tu dignidad ni al respeto por ti misma. Son las únicas cosas que importan de verdad.

Confío mucho en ti. Estoy convencida de que conseguirás mucho más de lo que nos imaginamos. Has sobrevivido y te has desarrollado en un entorno adverso que podría haber acabado contigo. Espero que sigas sacando partido de las experiencias negativas, como has hecho hasta ahora. Deseo con toda el alma ser una buena maestra, amiga y madre para ti. Quiero compartir tantas cosas contigo que a veces me cuesta separarme de ti y dejar que pases tiempo con los demás. Te encuentras en un momento de transición muy delicado, y espero estar a tu lado para ofrecerte mi hombro cuando necesites llorar y para escucharte cuando necesites hablar de algo, ahora y siempre.

Te quiero.

Mamá

Molly, Haley y Lauren

Molly nos habla de lo difícil que le resultó poner fin a su matrimonio y de lo fuerte y bien que se sintió siendo una madre separada.

Queridas Haley y Lauren,

Dejar a tu padre fue la decisión más difícil que he tomado en mi vida. Durante los 14 años que estuvimos casados intenté por todos los medios que funcionara porque quería protegeros. Quería que tuvierais una familia sana y completa. Pero descubrí que era perjudicial para vosotras, para mí, para todos. Cuando decidí dejarle estaba muerta de miedo; puse rápidamente todo lo que necesitábamos en unas cajas y nos marchamos. Estaba aterrorizada, pero sabía que había hecho lo correcto. Todavía recuerdo las palabras que Dios me susurró al oído: «Has hecho todo lo que estaba en tu mano. Puedes irte tranquila».

Podría haberos dejado al cuidado de otros –algún amigo, mis padres o algún familiar–. Pero quería que tuvierais el modelo de una mujer fuerte, alguien que sabía de sus dos hijas, capaz de hacer cualquier cosa para conseguir que fuéramos una familia en la que pudierais encontrar amor y apoyo a pesar de todos los contratiempos. Recuerdo los primeros días que pasamos en el nuevo piso, arrancando el papel de las paredes, creando un hogar en el que nos sintiéramos cómodas. Me sentía tan bien mientras os arropaba por la noche; me sentía agotada porque había estado trabajando durante todo el día, cuidando de vosotras, ocupándome de la casa, preparando la cena, leyéndoos un libro antes de acostaros, y, no obstante, me sentía llena de amor y esperanza por primera vez desde hacía mucho tiempo.

Consulté con un especialista, para que las tres pudiéramos superar lo que realmente sentíamos a causa de la separación. Por regla general cuando una pareja se divorcia los hijos tienen que arreglárselas solos mientras los padres tratan de curar sus propias heridas. Erais tan importantes para mí, os quería tanto y me sentía tan responsable de ambas que nunca permití que eso os ocurriera a vosotras. ¿Os acordáis de aquel curso para hijos de divorciados al que os llevé? Sé que no fue nada fácil, y que habría sido mucho más sencillo para mí limitarme a no hablar de ello, pero preferí afrontarlo. Y, lo que es más importante, también vosotras preferisteis superarlo. Me siento muy orgullosa de ambas por el esfuerzo que hicisteis.

A medida que pasaba el tiempo, nuestra situación económica fue mejorando y pude comprar pisos en barrios más respetables y llevaros a mejores colegios. Cada vez que nos mudábamos teníais que separaros de vuestros amigos, de vuestros profesores y de todo aquello que os era familiar. Sin vuestra valentía y vuestra confianza en mí no sé lo que habría hecho. Nunca olvidaré el día en que tomamos en alquiler nuestra casita de campo. Fuimos a verla y resultó que de toda la gente que estaba interesada en ella yo era la única divorciada, y encima era mujer. Estaba convencida de que la dueña no nos la alquilaría a nosotras, ya que había mejores candidatos. Pero vosotras no. Me llevasteis al dormitorio que había en la parte de atrás y me dijisteis: «Mamá, será nuestra. Puedes estar segura». Al día siguiente me llamó la propietaria y me dijo que ella también había estado sola con niños y que le habría gustado que alguien le diera una oportunidad. Así pues, nos la alquiló y nos mudamos. Dos años más tarde compramos nuestra propia casa. ¿Os acordáis de lo orgullosas que nos sentíamos? No cambiaría esos años por nada del mundo.

Pronto os independizaréis. De momento tratamos de superar los problemas propios de la adolescencia con ilusión, valentía, amor y con la misma fuerza y entrega que nos han permitido salir adelante en el pasado. Estáis preparadas para afrontar todo tipo de contratiempos. Habéis estado en el infierno y no sólo habéis sobrevivido sino que además habéis sido capaces de aprender algo de dicha experiencia. Sois fuertes, cariñosas, altruistas e inteligentes. Nadie os puede robar esas cualidades.

No olvidéis que soy vuestra principal aliada y la persona que más os admira. Siempre estaré a vuestro lado para felicitaros y para ayudaros a superar los momentos difíciles y los errores. Cuando os miro me siento orgullosa de las tres, de vosotras por ser mis hijas, y también de mí, por el honor y el privilegio que representa ser vuestra madre.

Siempre os amaré.

Mamá

Anónima

Esta madre nos cuenta por qué decidió dar a su hija en adopción y todo lo que recuerda del breve tiempo que ella y su hija pasaron juntas.

Hija mía,

Es imposible expresar con palabras el amor que siento por ti. Pero estoy convencida de que acabarás comprendiendo lo mucho que siempre te he querido, desde la primera vez que fui consciente de tu presencia hasta este preciso instante en el que tú estás leyendo esta carta por primera vez.

Cuando llegaste a este mundo todos te querían, no sólo yo, sino también mis amigos más íntimos y mi madre, tu abuela. Aunque tú no sabes quién es, puedes estar segura de que ella te quiere y te considera una nieta más. En realidad eres una persona muy querida, más querida que la mayoría de las personas.

Los instantes de mi vida que recuerdo con más emoción son aquellos que pasé contigo y te tuve entre mis brazos. En el hospital todo el mundo me decía que no lo hiciera, que me separara de ti tan pronto como hubiera dado a luz, que de este modo me evitaría el dolor añadido de la separación. No sabes lo contenta que estoy de no haber seguido su consejo. Durante tres días te abracé, te di de comer, recé por ti y quedé unida a ti para siempre. Solía mirarte fijamente a los ojos y memoricé cada detalle de tu recién iniciada vida. Para mí eras algo muy valioso y hermoso, de modo que me costó mucho separarme de ti. Pero comprendí que amar consiste sobre todo en dar. En mi caso eso significaba renunciar a ser tu madre. Decidí que debía adoptarte una familia que pudiera ofrecerte una vida mejor que la que yo podía darte. Era la mayor muestra de amor que podía ofrecerte.

Estoy convencida de que la familia con la que has vivido te ha cuidado y te ha querido por lo que eres, y que por ello habrás dado el máximo de ti misma. Los errores no existen. Creo que todo tiene siempre una explicación y me siento muy orgullosa de haber hecho posible tu existencia.

No olvides nunca que tienes una madre que te quiere desde lo más profundo de su ser, y que hay un rincón de mi corazón que te pertenece sólo a ti.

Te quiero.

Mamá

Janella, Rosalyn y Pam

Janella, una mujer sorda que tiene dos hijas que no lo son, nos cuenta cómo tuvo que aprender a vivir en dos mundos distintos, el de los sordos y el de los que oyen.

Queridas hijas,

Quiero daros las gracias por haberme permitido descubrir lo maravilloso que es ser madre. Como sabéis, al principio no tenía ni idea de cómo sacar adelante una familia. Pero aprendimos los unos de los otros, y siempre os lo agradeceré.

No soy sorda de nacimiento. Cuando tenía unos diez meses de edad tuve tos ferina y estuve muy enferma. Me quedé sorda. Siendo muy pequeña me internaron en una escuela para sordos. Me enseñaron a utilizar el lenguaje de los signos, a escribir en inglés y a relacionarme con los demás. Ése era mi mundo, el de los sordos. No sabía nada del mundo exterior.

Durante las vacaciones iba a visitar a mis padres. Nos veíamos tan poco que me resultaba difícil pensar que se trataba de mi familia. Nunca me hablaron de lo que podía significar formar una familia. La verdad es que nunca se me había pasado por la cabeza que los sordos pudieran casarse o tener hijos. Los únicos adultos sordos que conocía eran los que había en el colegio.

Conocí a vuestro padre en la escuela para sordos. Nos casamos en 1960. Rosalyn, tú naciste el 15 de diciembre de 1962. No sabíamos qué hacer contigo porque era la primera vez que veíamos a un bebé que lloraba. Empecé a enseñarte el lenguaje de los signos. Era el único lenguaje que conocía y con el que podía comunicarme contigo. No obstante, siempre me preocupó que tuvieras problemas para aprender a hablar, de modo que pedí a todos mis amigos y familiares que hablaran contigo siempre que les fuera posible.

Recuerdo aquella ocasión en la que un amigo se tomó una sobredosis de pastillas. Tú tenías cuatro años, Rosalyn, y traté de explicarte que debías llamar a un servicio de urgencias y pedir una ambulancia. Le hice un masaje cardíaco y traté de explicártelo con signos. Fue algo muy complicado. Pero lo hiciste muy bien y te convertiste en una heroína.

Cuando tú tenías dos años nació Pam, tu hermana. Yo estaba encantada. Pero no fue nada fácil. Supongo que nunca lo es. Nuestro caso, no obstante, era distinto. Vosotras me enseñasteis tantas cosas a mí como yo a vosotras. Juntas y siendo pacientes aprendimos a superar la frustración, la tristeza y las diferencias. Nos costó mucho, pero gracias a ello sois mis mejores amigas. Nos entendemos, tenemos nuestros secretos y nos lo contamos todo.

Me siento muy orgullosa de las dos y de todo lo que hacéis para ayudar a los sordos. Ambas tenéis un corazón enorme, y sé que para vosotras el lenguaje de los signos es importante y que lo transmitiréis a vuestra descendencia. No sabéis la alegría que me producirá poderme comunicar con mis nietos gracias al lenguaje de los signos.

No me considero una minusválida. Me siento una persona normal, y se lo debo a mis hijas. Vosotras habéis vivido y aprendido tanto en la comunidad de los que oyen como en la de los sordos, y me habéis hecho pertenecer a ambas. Me siento muy agradecida tanto por la maravillosa vida que hemos compartido como por todos los bonitos recuerdos que tenemos.

Os ama.

Mamá

Susan y Jodie

Susan nos demuestra que tanto los malos momentos como las decisiones difíciles forman parte de la vida, y que debemos aceptarlo.

Querida Jodie,

Estoy sentada junto a la chimenea, mirando cómo te recuperas de tu enfermedad. Desde que mi padre murió hace dos semanas he estado dándoles vueltas a muchas cosas. Hay tantas cosas que me gustaría decirte... pero te diré sólo una.

Siempre he tratado de evitar las cosas que me resultaban desagradables. A veces pienso que tú también lo haces. Pero he descubierto que casi todo aquello que vale la pena en la vida tiene su lado desagradable, cosas como casarse o tener hijos (tú sabes lo difícil que es porque estabas aquí cuando nacieron tu hermano y tu hermana). Deja que te cuente algo.

Con tan sólo tres meses de edad, tu padre y yo te llevamos con nosotros en una travesía de dos semanas por las tierras desérticas del suroeste de Tasmania. El primer pueblo estaba a una semana de camino, de modo que llevábamos todo lo necesario en la mochila. Todavía te daba de mamar y dormías en el suelo, en la tienda de campaña, y te tapábamos con el jersey térmico de tu padre. Tan sólo tenías una muda. Si te ensuciabas, mala suerte.

Hubo un día que fue especialmente duro, estuvo lloviendo todo el tiempo. Tú estabas completamente seca, bajo mi impermeable. Hacía frío; el agua me mojaba la cara y calaba mis ropas. Me sentía muy incómoda. No encontramos ningún lugar donde pudiéramos detenernos y refugiarnos en aquellas praderas azotadas por el viento. Lo único que podíamos hacer para no quedarnos congelados era seguir andando.

Sabía que pasaría; empezaste a llorar reclamando tu comida. No me quedaba más remedio que sentarme en un tronco mojado, bajo la lluvia, con los pies congelados, y darte de mamar durante 15 minutos. Tú estabas completamente seca y tan segura como si fueras en la bolsa de un canguro. Mamabas completamente ajena al mundo que te rodeaba. Hacía frío y era desagradable, pero no tenía más remedio que hacerlo.

Nunca olvidaré aquella caminata y el amargo instante que pasé sentada en aquel tronco empapado. Y, no obstante, hoy lo recuerdo como uno de los momentos más inolvidables que he pasado contigo, protegiéndote del frío y de la lluvia. Esa travesía, ese tiempo que pasé tan unida a ti, se convirtió en algo inolvidable y muy satisfactorio para mí. Eras un ser humano que acababa de nacer. Libre prácticamente de las influencias del mundo exterior, como el territorio que estábamos atravesando.

¿Sabes, Jodie? Creo que casi todas las cosas que considero importantes o que me han ayudado a madurar tenían su lado desagradable o difícil. Te lo digo porque no quiero que desaproveches una buena oportunidad simplemente porque te dé miedo. En la sociedad actual todo está enfocado a hacernos la vida más fácil: el sofá más cómodo, el electrodoméstico que le permitirá ahorrar tiempo y dinero, nada de relacionarte con aquellos que te complican la vida.

A veces no podemos escoger. Cuando tenía 10 años, como tú ahora, empecé a coger dinero del monedero de mi madre para dárselo a mis amigos. Trataba de comprar su amistad. Solía contar a todo el mundo que mi padre era un oficial de policía muy importante y que se dedicaba a resolver crímenes, pero no era verdad.

Mentía y robaba porque me sentía insegura. Mi padre tenía una enfermedad mental, esquizofrenia. No podía desarrollar un trabajo normal y corriente, ni tan sólo llevar a cabo una simple tarea doméstica. Yo sabía que pasaba algo, pero nadie hablaba de ello. Se sentían incómodos y les costaba aceptarlo, de modo que nadie hablaba de ello. No oí la palabra esquizofrenia hasta que fui a la universidad. Pagamos un precio muy alto por no haber afrontado el problema. Yo pensaba que no éramos como los demás, que éramos unos bichos raros. No me atrevía a invitar a nadie a mi casa. Me afectó en muchos sentidos.

Ahora es distinto. Lo sé todo acerca de la enfermedad de mi padre, y he hablado con mis amigos y con mi familia. Cuando por fin me lo contaron, me quité un gran peso de encima. No me siento mal ni avergonzada. Pero no comprender qué pasaba me hizo mucho daño y me confundió mucho. No fue nada fácil aceptarlo y lloré mucho cuando me enteré, pero gracias a ello ahora soy una persona más completa.

Escribir esta carta me ha hecho comprender lo mucho que te quiero. Es un privilegio crecer contigo, Jodie. Intentaré enseñarte que debes hacer frente a las situaciones difíciles y, por favor, ¿intentarás animarme a que yo haga lo mismo?

Te quiero.

Mamá

Una madre con su hija

Esta madre, que vivió varios años en un campo de concentración en Holanda, nos transmite su fuerza, su valor y su deseo de sobrevivir.

Queridos hijos,

Tengo 71 años y estoy semijubilada, y considero que ha llegado el momento de reflexionar sobre mi vida. Soy consciente de que mi generación, toda la gente que durante la Segunda Guerra Mundial había alcanzado ya la edad adulta, pronto habrá desaparecido.

Cuando los nazis invadieron los Países Bajos, mis abuelos tenían la edad que tengo yo ahora y vivían con nosotros en Utrecht. Al igual que el resto de judíos que vivían en el país, recibieron órdenes de ir a Amsterdam, pero mi padre consiguió un pase que les autorizaba a quedarse con nosotros «hasta nuevo aviso», que era lo que ponía en la mayoría de pases. Al cabo de unos meses unos amigos nos avisaron de que las SS tenían órdenes de reunir a toda la gente mayor y llevarla a Amsterdam. No teníamos tiempo de encontrar un lugar donde esconderlos, de modo que tuvimos que pensar a toda prisa qué podíamos hacer para salvarles, al menos aquel día.

Decidimos representar una escena. A los alemanes no les gustaban los enfermos, sobre todo si la enfermedad era contagiosa. Mi madre, que trabajaba como enfermera en la Cruz Roja, se puso el uniforme y sacó todo el éter, las jeringuillas y el lisol que tenía a mano para que la escena resultara más creíble. Mis abuelos tenían que hacer ver que estaban muy, pero que muy enfermos. Como no sabíamos cuándo se presentarían los de las SS, tuvimos que prepararlo todo muy rápidamente. Al cabo de una hora más o menos dos monstruos enfundados con sus botas negras y con sus trajes verdes tocaron el timbre y empezaron a aporrear la puerta. Comenzamos a representar la escena. Todos estuvieron geniales, mi madre corriendo de un lado para otro con las medicinas, y mis abuelos gimiendo y quejándose. Los soldados nos preguntaron que qué les pasaba, y mi madre les dijo que probablemente se trataba de disentería. Abandonaron rápidamente nuestra casa. Tan pronto como se fueron empezamos a reírnos como locos, hasta llorar de la risa. Nos alegramos antes de tiempo. Regresaron. Afortunadamente, no habíamos guardado nada, de modo que seguimos representando la escena de forma muy convincente. Funcionó de nuevo y los oficiales de las SS se marcharon.

Mis abuelos pudieron respirar tranquilos durante algunas semanas más. Pero finalmente tuvieron que obedecer y fueron transportados a Amsterdam. Una vez allí fueron conducidos, junto al resto de la gente mayor, al teatro Amsterdam, donde los amontonaron en espera del transporte que debía llevarlos a ??? Como es natural, ninguno de ellos podía imaginarse lo que le esperaba.

Recuerdo que recibimos una postal que habían tirado por la ventanilla del tren y que alguien había recogido y mandado por correo. Mis abuelos decían que nos iban a echar mucho de menos a todos, pero que podíamos estar seguros de que se iban a cuidar. No debíamos preocuparnos porque sabían cómo ser útiles. El abuelo podía pelar patatas y a la abuela se le daba muy bien lo de zurcir calcetines.

Escribieron la postal en el tren que les llevaba a Auschwitz. No tenían ni idea de la gravedad de la situación. Ni nosotros tampoco. Ahora sé que fueron asesinados en la cámara de gas, en Auschwitz, a los pocos días de haber abandonado Holanda.

La guerra y experiencias como ésta determinaron en gran medida mi actitud ante la vida. Me alegra que no hayas tenido que pasar por todo eso. Sin duda alguna tus experiencias vitales no tendrán nada que ver con las mías. Pero habrá momentos en los que tendrás la sensación de que no puedes seguir adelante. Nos pasa a todos. Yo he aprendido que aunque parezca imposible siempre acabas sacando fuerzas de flaqueza para seguir avanzando un poco más. Cuando todo lo demás falle, utiliza tu fuerza interior, algo que debes fortalecer a lo largo de la vida por medio de la fe y la sabiduría.

Gracias a vosotros me considero una persona muy afortunada. Apreciad aquello que tenéis y, cuando os sintáis mal, haced algo constructivo, haced algo por los demás. Cuando tengáis que tomar una decisión importante, consultadlo con la almohada, haced caso de lo que os dicte el corazón y de vuestros instintos. Pedid ayuda a los seres queridos y no olvidéis que siempre podéis contar con mi amor. Espero que seáis muy felices y hagáis realidad vuestros sueños en todos los momentos y situaciones de la vida.

Vuestra madre

Kathryn, Jenna y Kristen

Kathryn nos cuenta lo duro que fue para ella no crecer en el seno de su familia biológica y pide a sus hijas que no olviden nunca lo importante que es la familia.

Queridas Jenna y Kristen,

Ninguna de nosotras tiene la culpa de no haber podido conocer las mujeres de nuestra familia que nos precedieron y con las que deberíamos haber establecido un vínculo eterno. Es posible que mi madre biológica, de 22 años, no fuera consciente de la trascendencia que iba a tener su decisión de abandonarme en el momento de mi nacimiento. No podía ni imaginarse la sensación de vacío con la que me iba a obligar a vivir. No se hizo cargo de que, a pesar de ser sólo una niña, me desesperaría por no encontrar cuál era mi lugar en el mundo. Estoy convencida de que se le habría roto el corazón si hubiera comprendido que me iba a pasar toda la vida tratando de creer en mi bondad intrínseca y luchando contra la creencia de que debía haber hecho algo realmente terrible y que la gente iba a abandonarme toda la vida. Puedo perdonar a mi madre biológica porque estoy convencida de que no comprendía que al separarse de mí me obligaba a renunciar a mis raíces, a la cara y las historias de mis abuelas, y a la sensación de pertenecer a este mundo.

El universo tiene su propio modo de curar nuestras

heridas, y ello me lleva a vosotras dos. Vuestro padre fue un hombre que me quiso y estuvo junto a mí durante 19 años. Fuimos a buscaros, de modo que fuisteis deseadas desde el primer momento. Cuando erais pequeñas os encantaba que os contara cosas acerca de mis embarazos. Ahora me doy cuenta de que solía subrayar siempre el hecho de que habíamos ido a buscaros.

Jenna, hace aproximadamente dieciséis años que llegaste a este mundo; eras la primera persona que conocía que llevara mi sangre. Cuando la enfermera te puso en mis brazos te miré fijamente a los ojos y pregunté asombrada: «¿Dónde he visto yo esos ojos?». Por primera vez en mi vida me sentí ligada a otra persona. En líneas generales nos parecemos mucho: la forma de la cara, las piernas robustas, la testarudez. Nos une algo muy especial.

Kristen, mi hija del alma, tú naciste dos años y medio después que tu hermana. Cuando el médico me dijo que era otra niña apenas si podía creérmelo. A las dos nos encanta la naturaleza. Tu sentido del humor me ha alegrado la vida, y sigue pareciéndome increíble lo mucho que se parecen nuestros dedos y nuestras uñas.

Ahora me doy cuenta de que os necesitaba a ambas para iniciar mi propio proceso de curación. Desde que supe que estaba embarazada os amé con toda el alma, con la misma intensidad con la que antes había echado de menos a mi madre biológica. No he sido una madre perfecta, pero siempre he cuidado de vosotras, os he aconsejado, he creído en vosotras y he estado a vuestro lado. Es lo que prometí que haría cuando nacisteis. Y os prometo que seguiré haciéndolo el resto de mi vida.

Acepto el honor que supone ser la nueva matriarca de nuestra familia, a pesar de que tan sólo tengo 40 años y de que no tengo a quien imitar. Confiaré en mi instinto ya que siempre me ha sido de gran ayuda. Quizás este tipo de cosas se heredan genéticamente, lo cual significaría que siempre conservamos algo de nuestros antepasados, aunque no hayamos llegado a conocerles. El hecho de aceptarme tal y como soy y de veros crecer me hace pensar que procedemos de una familia de mujeres fuertes. Espero que no olvidemos nunca lo importantes que son los lazos afectivos.

Gracias por el bien que me habéis hecho. Siempre os lo agradeceré.

Con todo mi amor.

Mamá

Dawn y sus hijas

Dawn nos habla del suicidio de su padre y de lo importante que es saber expresar el amor que sentimos por los demás y pedir perdón.

Hijas mías,

Ojalá pudiera protegeros de todas las cosas desagradables con las que tendréis que enfrentaros, cosas que debéis aprender. La vida no es nada fácil y os veréis obligadas a superar muchas adversidades. A veces creo que no estoy suficientemente cualificada para enseñaros, para aconsejaros, para ser vuestra madre, pero teniendo en cuenta cómo he llegado a ello, libremente, haré lo que hacen todas las madres: hacerlo lo mejor que pueda.

Tenéis mucho que aprender. Podría llenar páginas y más páginas diciendo que hay que saber compartir, ser fiel a uno mismo y ser una buena persona. Y es verdad que todo eso es muy importante, pero hay una cosa que eclipsa todas las demás. Os voy a contar una historia.

Vuestro abuelo, mi padre, tan sólo tenía 52 años cuando murió. Vosotras erais muy pequeñas por lo que apenas os acordáis de él. Su vida fue difícil pero digna. Yo era su hija mayor; nací cuando él y mi madre tenían 19 años. Sé que intentó por todos los medios ser un buen padre, y en líneas generales lo fue, pero era humano. Mi padre era alcohólico. No de los que dan portazos, insultan o se lían a puñetazos. Simplemente bebía demasiado y poco a poco se fue hundiendo hasta que fue demasiado tarde.

Mi madre trató de educarnos lo mejor que supo, tanto a mis hermanas como a mí. Ahora comprendo lo difícil que debía resultarle ocuparse de nosotras cuando mi padre bebía. Obviamente, ni él ni mi madre podían darnos las muestras de amor que mis hermanas y yo necesitábamos. A veces odiaba a mi padre. Le odiaba porque hacía llorar a mamá. Le odiaba porque no estaba a mi lado cuando le necesitaba. Le odiaba porque se emborrachaba y nos avergonzaba delante de los demás. Y, sobre todo, le odiaba porque estaba convencida de que no me quería.

Hubo épocas, épocas difíciles, en las que mi padre y yo no nos hablábamos. Yo pensaba que le había decepcionado, tanto a él como al resto de la familia. Y me molestaba que no me dejase tomar mis propias decisiones. Esta falta de comunicación complicaba mucho las cosas, especialmente para mi madre que estaba en medio, porque ambos éramos muy tercos. Con el tiempo, una vez me hube independizado, llegamos a un acuerdo pacífico. Yo nunca sería la hija con la que él había soñado, una doctora, una mujer con carrera... y él no sería nunca el padre que a mí me habría gustado que fuera, alguien perfecto e inmortal, alguien sobrehumano. Pero no pasaba nada. Aprendimos a aceptarnos tal y como éramos y a querernos. Él además dejó de beber. Durante los ocho últimos años de su vida no probó ni una sola gota. Y él y yo cerramos el círculo. Dejamos de ser rivales y nos hicimos amigos.

No os explico todo esto porque sí. Mi padre se suicidó. Una soleada mañana de primavera, en mayo de 1994. Fue a trabajar como cada mañana, llamó a una de mis hermanas y la felicitó porque era su cumpleaños, y regresó a casa hacia el mediodía. Dejó todo lo que llevaba en los bolsillos sobre la mesita de noche excepto el carné de conducir, escribió una carta de despedida para cada una de nosotras, cogió una pequeña pistola que guardaba en el armario, condujo hasta un lugar solitario y se pegó un tiro. No podéis ni imaginaros cómo me sentí. Aunque ya hace dos años que ocurrió, sigo llorando cada vez que me acuerdo de él, solo, en el coche. Veo su cara, su expresión de dolor, las lágrimas resbalando por sus mejillas, y me lo imagino pidiendo perdón mientras apretaba el gatillo. Yo no lo vi, pero me lo imagino así.

Me gustaría que lo hubieseis conocido. Ejerció una gran influencia sobre mí. Ojalá os hubiera conocido. Os habría querido más que nada en el mundo, estoy segura. Y os habría malcriado con sus mimos.

Lo que trato de deciros con todo esto es que debéis amar. Amaos a vosotras mismas. Y a vuestra familia. Y la vida en general. Amad todas las cosas y todas las personas que hay alrededor de vosotras, y aprovechad cualquier oportunidad para expresar vuestros sentimientos. El último día del padre que el abuelo pasó con nosotros yo le escribí una carta en la que le decía lo mucho que le quería, y ese gesto, esa pequeña demostración de amor, una simple carta, fue mi salvación: gracias a ella estoy en paz conmigo misma. Sophia, Camille, no ocultéis lo que sentís. Si alguien hace algo que os duele, decídselo. Y si alguien hace algo que os agrada, decídselo también. Si amáis a alguien, decídselo. La vida es muy corta, y una vez morimos es demasiado tarde.

Os quiero,
os quiero,
os quiero.

Mamá

Una madre y su hija

Esta mamá soltera escribe una carta
a su hija a la que decidió tener mediante
el proceso de inseminación artificial.

Querida hija,

Tienes 20 meses y hoy has formado tu primera frase: «Quiero plátano». Cada vez crearás más frases, y antes o después me preguntarás si tú tienes papá. Quiero que sepas que empecé a pensar en cómo responder esa pregunta antes incluso de que nacieras.

Cuando cumplas cuatro años te apretaré fuerte entre mis brazos y te hablaré de todas las personas que te quieren con toda el alma. También te diré lo mucho que yo te quiero y que cuidaré de ti siempre.

Cuando tengas siete u ocho años te explicaré que no sé quién es tu padre y que un médico me ayudó a quedar embarazada cogiendo una semilla de tu papá y metiéndola en mi cuerpo. Te contaré que muchos niños, incluso niños que tienen papá y mamá, niños que tienen dos papás y dos mamás, o niños con un padre o una madre, nacen de este modo. También te diré que te quiero y que siempre cuidaré de ti.

Cuando tengas trece o catorce años te contaré que cuando tú naciste tu padre vivía en Oakland, California, y trabajaba en un hospital, como representante de los pacientes. Te explicaré que si quieres, cuando seas un poco mayor, podemos tratar de averiguar algo más sobre él. También te diré que te quiero y que siempre cuidaré de ti.

Cuando cumplas dieciocho años te diré que tú, y sólo tú, puedes ponerte en contacto con la clínica y conseguir el nombre y otros datos acerca del donante. Te explicaré que el donante no sabe tu nombre pero que cuando naciste se le notificó que su esperma había sido utilizado y que gracias a él había nacido un bebé. Te contaré que su esperma fue utilizado para inseminar a otras mujeres pero que yo no sé quiénes son dichas mujeres ni si alguno de sus otros hijos ha tratado de ponerse en contacto con él.

No hará falta que te diga que has heredado el color rubio de tu pelo y los ojos azules de él, pero además te contaré que le gustaban las roscas de pan y el yogur tanto como a ti.

Te diré que eres tú la que debe decidir si quieres ponerte en contacto con él o no.

Espero que mi decisión de tenerte sola te parezca bien. Yo estoy completamente convencida de que fue una decisión acertada.

Te quiero, pequeña, y siempre cuidaré de ti.

Mamá

Karen y Erin

Karen trabaja a jornada completa en las fuerzas aéreas de Estados Unidos e intenta que su hija comprenda lo importante que es para ella defender y proteger la Constitución de su país.

Querida Erin,

Ya sé que tu vida no es como la de los demás niños. Eres hija de padres divorciados (desgraciadamente, esto no es lo que te diferencia del resto), pero además tanto tu padre como tu madre trabajan en las fuerzas aéreas y parece que siempre los destinen uno lejos del otro. Cada vez que vas a ver a tu padre yo te echo mucho de menos y sé que a él le pasa lo mismo cuando estás aquí conmigo. Siempre que tengamos que mudarnos o que vayas a ver a alguien recuerda que un hogar no es una casa o un lugar concreto, sino que está allí donde está la gente que te quiere. Erin, somos muchos los que te queremos con toda el alma. Sin embargo sé que para ti no resulta nada fácil, y recuerdo que en una ocasión me dijiste que nunca ingresarías en el ejército. Te diré lo mismo que tu bisabuela le dijo a tu abuela y que tu abuela me dijo a mí, que siempre contarás con mi apoyo y mi admiración, tanto si decides ser el presidente de Estados Unidos como si optas por ser una bailarina.

Quiero que sepas por qué me hice miembro de las fuerzas aéreas y por qué durante los últimos quince años de mi vida ha sido mi profesión. Pasé los primeros nueve años en el servicio de inteligencia del ejército y los últimos seis años en el cuerpo de reclutamiento. Siempre he pensado que estaba haciendo algo positivo por mi país, pero cuando empecé a reclutar gente de pueblo en pueblo descubrí que había personas que despreciaban tanto mi trabajo, mi dedicación y mi sacrificio como el del resto de los militares.

En una ocasión se acercó a mí un hombre; yo llevaba puesto el uniforme y él me dijo que ser militar era una terrible equivocación. Yo le escuché y después le dije que tenía todo el derecho del mundo a expresar lo que pensaba. Cuando se fue se acercó a mí otra persona que había oído nuestra conversación y me preguntó cómo era posible que no me hubiese enfadado. Le expliqué que era muy sencillo. Había jurado defender y proteger la Constitución, y la Constitución defendía el derecho de aquel hombre a expresarse libremente. Daría la vida por defender dicha libertad y todas las demás libertades que aparecen contempladas en dicho documento, para que tú, todas las personas a las que quiero y el resto de la nación podáis seguir ejerciéndolas.

Muchos miembros de nuestra familia han prestado el mismo juramento, y me siento orgullosa de seguir sus pasos, pero eso no significa que no me sienta igual de orgullosa de aquellos que han optado por otra profesión y se dedican a la enseñanza, a la medicina, a las leyes, a la ingeniería, a los negocios o a cualquier otra cosa. Dedícate a lo que quieras, pero hazlo siempre lo mejor que sepas. Y, recuerda, pase lo que pase me siento, y siempre me sentiré, muy orgullosa de ti.

Te quiero muchísimo.

Mamá

Sabrina, Mariah, Beverley y Diedre

Sabrina, que tuvo que renunciar
a su cultura y a sus raíces nos explica
que a veces nos vemos obligados
a tomar una decisión difícil por el bien
de nuestros hijos.

Queridas Mariah, Beverley y Diedre,

Cuando llegué por primera vez a Estados Unidos me sentía perdida y estaba muy enfadada porque me habían separado de todas las cosas y personas que me eran familiares. Tenía 19 años y mis padres habían decidido que dejábamos Hong Kong para irnos a Estados Unidos. Nuestra vida cambió enormemente y para mí fue muy traumático. Me juré a mí misma que nunca les haría algo parecido a mis hijos. Así que, cuando vuestro padre y yo empezamos a pensar en mudarnos a Oregon, le dije que debíamos hacerlo mientras todavía fuerais pequeñas, para que os resultara más fácil adaptaros. Una vez más tuve que dejar atrás todas las cosas queridas, pero en esta ocasión era yo la que había decidido intentar que mis hijas tuvieran una vida mejor.

Siempre os he dicho que podéis conseguir cualquier cosa que os propongáis, y que papá y mamá estarán siempre a vuestro lado para apoyaros, aconsejaros y ayudaros. Estoy convencida de que cualquiera de vosotras puede llegar a ser una astronauta, una atleta olímpica o la primera mujer presidenta si eso es lo que realmente desea. Aspirad siempre al máximo. Todas tenéis aptitudes suficientes para hacer grandes cosas en la vida. Vuestro padre y yo siempre estaremos a vuestro lado para ayudaros a conseguirlo. A veces os parecerá que somos duros con vosotras, que os obligamos a hacer cosas demasiado difíciles, pero a la larga comprenderéis que a veces un pequeño empujoncito puede ser muy positivo; de hecho a veces resulta absolutamente necesario.

Las tres lleváis dentro de vosotras lo mejor de este mundo. Tenéis rasgos propios de la cultura de vuestro padre y de la mía, pero por encima de todo sois vosotras mismas. Espero que hayamos sabido enseñaros lo importante que es conocer las propias raíces: yo crecí en la China, y en mi casa vuestro abuelo era el patriarca y vuestra abuela la encargada de llevar la casa; y vuestro padre se educó en Estados Unidos y le enseñaron que podía pensar y hacer lo que quisiera, y que era alguien por sí mismo. Como estadounidenses, tenéis derecho a decidir qué queréis hacer con vuestra vida y cómo queréis vivir. Hemos intentado inculcaros desde el principio que debéis hacer aquello que vosotras creáis correcto y no lo que hacen los demás, debéis ser vosotras mismas.

Mariah, estás en una edad en la que todo lo que te ocurra será muy importante. Tanto en el instituto como en la universidad, los amigos te influirán muchísimo. Confiamos en que siempre que tengas un problema o necesites hablar recurras a uno de nosotros. A veces todo lo que uno necesita es alguien dispuesto a escucharle o con quien desahogarse.

Beverley, tú eres la que más me preocupa porque te dejas regir por el corazón. A primera vista puedes parecer muy dura, pero yo sé que tras ese armazón se oculta un corazón muy sensible. Espero que hayas aprendido lo que tu padre y yo llevamos años enseñándote, que a veces hay que usar la cabeza en vez del corazón. A veces ser demasiado emotiva puede resultar muy doloroso. No dejes que te hieran.

Diedre, estoy plenamente convencida de que, si hay alguna mujer que pueda llegar a ser presidenta de Estados Unidos, ésa eres tú. No pierdas nunca tu entusiasmo ni tu tesón.

Finalmente, me gustaría deciros lo feliz que me hace poder poner por escrito lo orgullosa y feliz que me siento de ser vuestra madre. Nos os cambiaría por nada del mundo. Tenéis vuestros defectos, como todo el mundo. La vida a vuestro lado es muy divertida y no lo sería si fuerais niñas modelo. Espero que algún día podáis sentir el mismo amor que yo siento cuando os miro. Siempre seréis mis pequeñas.

Siempre os querré.

Vuestra madre

Helen y Hannah

Helen recuerda lo feliz que fue con su madre cuando era pequeña y nos cuenta cómo siente que su hija no haya llegado a conocerla.

Querida Hannah,

No tengo suficiente talento literario como para poner por escrito todos los sentimientos y emociones que me gustaría transmitirte. Pero de todos modos trataré de contarte algunos pensamientos y recuerdos que siempre me acompañan.

MARY SHEPHARD
DOCTORA
1928-1989

Esto es lo que pone en la lápida de mi madre –yo siempre la llamé mami–, tu abuela. Murió de cáncer justo al día siguiente de haber cumplido 61 años, dos años y medio antes de que tú nacieras. Ahora mami está enterrada en el cementerio de uno de esos hermosos pueblecitos de la campiña inglesa. Yo pasé la mayor parte de mi infancia y mi adolescencia en ese pueblecito. Por eso me cuesta tanto separar los recuerdos que tengo de mi madre y los que tengo del lugar donde crecí. Era una mujer llena de vitalidad y entusiasmo, e incluso durante la adolescencia me sentía orgullosa de ella, porque a mis amigos les gustaba y se lo pasaban bien cuando venían a casa. Ella nos construyó una cabaña sobre un árbol, se levantaba a las tres de la mañana para dar de comer a los corderitos, cogía su bicicleta y nos acompañaba cuando decidíamos ir a dar un paseo en poni, y bajaba deslizándose pendiente abajo cuando íbamos al País de los Lagos. Para mí siempre fue una madre excepcional, pero sé que para el resto de la gente también era alguien muy especial. Trabajaba en las escuelas locales, en los pueblos de la zona y en los hospitales, y todo el mundo la quería y la respetaba. En el hospital Buckingham Cottage pusieron su nombre a un anexo dedicado al desarrollo infantil.

La echo terriblemente de menos. Ahora me doy cuenta de lo mucho que le gustaba la jardinería y lo bien que se le daba. Pero es demasiado tarde, ya no le puedo preguntar nada porque no está conmigo. De modo que me paseo por el jardín y trato de recordar el nombre de las plantas que me traen a la memoria recuerdos de mi madre y de mi infancia, aquellas que planté simplemente porque ella también lo hacía.

Habría sido una abuela maravillosa y se habría vuelto loca de contento contigo. Casi puedo imaginarme las risas y los gritos. Me entristece pensar que no os habéis llegado a conocer. Pero tenerte junto a mí me hace inmensamente feliz. Tan sólo tienes cuatro años, pero has dejado de ser ese bebé endeble, que tuvo que estar ingresado en el hospital a las dos semanas de haber nacido a causa de una infección, para convertirte en una niña fuerte y muy hermosa. Te pareces mucho a tu abuela, y me haces pensar en lo unidas que estábamos y en lo bien que lo pasábamos. Me recuerdas a mami, a veces en un momento concreto del pasado y otras veces en general, cuando te veo montar a caballo, por lo mucho que te gustan los animales, por tu carácter apasionado y porque eres capaz de burlarte de cualquier situación.

Eres una persona muy especial, Hannah. Eres ingeniosa, simpática y alegre, y estoy convencida de que llegarás lejos. Las cosas hace 35 años eran muy distintas que ahora; además, yo vivía en Inglaterra y tú vives en Estados Unidos. Tengo muchas ganas de aprender y vivir todo tipo de experiencias junto a ti. Ambas nos habríamos beneficiado de la sabiduría y la experiencia de tu abuela si todavía estuviera viva. Muchas veces siento la necesidad de pedirle consejo. Educar a una hija no es nada fácil.

De modo que ya lo sabes, corazón mío, no debes olvidar nunca a los tuyos: a papá, a tu hermano Oliver y a mí, que te amamos incondicionalmente. Espero que cuando seas mayor puedas evocar el pasado sin ningún tipo de resquemor y que recuerdes tu infancia como un período lleno de felicidad, amor, diversión, en el que te sentías totalmente protegida. Espero poder estar a tu lado durante muchos años y tal vez deslizarme por algunas pendientes contigo.

Eres un tesoro.

Con todo mi amor.

Tu mami

Teena y Kristi

Teena explica a su hija por qué decidió hacerse un implante de pecho y cómo influyó dicha decisión en su grado de autoestima y en su salud.

Querida Kristi,

Hace tiempo que quiero explicarte la razón por la que decidí hacerme un implante de pecho y cómo nos afectó dicha decisión a mí, a papá y, en último término, a ti. Quiero contártelo porque he aprendido mucho de esta experiencia, y creo que también tú puedes aprender algo de ella.

Cuando era joven estaba convencida de que los chicos no me deseaban ni me encontraban atractiva porque era completamente plana. Llevé relleno toda la vida. Incluso me sentí obligada a decirle a tu padre que no tenía pecho antes de casarme con él –como si él no lo supiera ya–, para que pudiera decidir si a pesar de todo quería seguir adelante. Tu padre me dejó claro desde el principio que no le importaba en absoluto, que para él no era importante, y la verdad es que nunca me ha dado razones para dudar de sus palabras.

En 1985, un año después de que tú, Jon, papá y yo tuviésemos el accidente por culpa de aquel conductor borracho, perdí el poco amor propio que me quedaba. Me había lesionado el pie derecho y tenían que operármelo. Fuimos a hablar con el cirujano ortopédico y nos explicó en qué consistía la operación. Papá le preguntó si era posible hacer más de una intervención quirúrgica a la vez. Papá y yo ya lo habíamos discutido antes; él me dijo que, si realmente me preocupaba tanto el hecho de ser plana, podía hacerme un implante de pecho, que probablemente ello me ayudaría a sentirme mejor. Al médico le pareció una buena idea y nos recomendó un especialista en cirugía plástica. Y llegó el día acordado. Recuerdo que no me daba miedo. Estaba emocionada porque sabía que la operación iba a cambiar mi vida para bien y que por primera vez me sentiría una mujer de verdad.

Tan sólo sabían que llevaba el implante algunos familiares y amigos íntimos, ni siquiera tú lo sabías. Bastaba con que yo lo supiera. No me hacía falta exhibirlos poniéndome vestidos y blusas escotados; no es mi estilo. Pero era mucho mejor que llevar rellenos; era yo, formaban parte de mí, era algo mágico. Me sentía orgullosa, no porque me hubiera vuelto arrogante, sino porque me sentía una mujer de verdad, tal y como se la imagina un hombre.

Y la verdad es que mi vida cambió, o como mínimo mi actitud ante la vida y el concepto que tenía de mí misma. Monté un negocio con una socia y descubrí que me encantaba. Tenía la sensación de que podía hacer cualquier cosa que me propusiera. Pero empecé a tener problemas de salud y me cansaba muy fácilmente. Con el tiempo averiguamos que podían tener relación con el implante.

Decidí sacarme el implante y, poco antes de la operación, papá y yo te lo contamos. Sé que para ti no fue fácil comprender por qué me había hecho un implante de ese tipo. Me daba miedo pensar en el aspecto que tendría después de la intervención, por las posibles cicatrices y por volver a estar plana de nuevo. Pero para entonces yo ya había descubierto la clase de persona que era, y sabía que eso no tenía nada que ver con la talla de mis pechos. Yo era quien era independientemente de mis pechos; lo que ocurría es que a causa de mi complejo me había costado mucho averiguarlo. Me gustaba tal y como era, tanto por dentro como por fuera. Y seguiría gustándome aunque me quedara de nuevo sin pechos o me quitase el implante.

Quiero que recuerdes un par de cosas que he aprendido. La primera es que Dios nos asigna una serie de problemas o pruebas que debemos superar, y el talento o los dones necesarios para poder superarlos y progresar. De modo que lo que debemos hacer es preguntarnos y averiguar cuál es su finalidad.

La segunda es que siempre debes pensar bien de ti misma y saber valorarte. No dejes que nadie te haga creer lo contrario. Ten siempre presente lo que te he dicho, sobre todo en los momentos difíciles. Cuando estaba baja de moral no pude hacer mucho por ti, pero espero que no olvidaras nunca que te quería. Yo sé que tú me querías. Todo parece más fácil cuando nos hacemos mayores, y yo quiero compartirlo contigo, cogiéndote de la mano y con una gran sonrisa.

Que Dios te dé fe, valor, paciencia y amor. Siempre estaré a tu lado.

Te quiero.

Mamá

Kristine, Sarah y Katie

Kristine nos cuenta que le gustaría poder proteger a sus hijas de los problemas cotidianos, pero que sabe que debe enseñarles a vivir su propia vida.

Queridas Sarah y Katie,

La casa está recogida. Es tarde, de modo que no creo que el teléfono vuelva a sonar. Habéis preparado la cartera, os habéis limpiado los dientes, habéis dado de comer al perro y os habéis peleado por la última galleta que quedaba en el pote. A medida que apago las luces siento que la casa suspira aliviada.

«Ya estoy aquí», esto es lo que digo cada noche cuando entro en vuestra habitación. Sé que espero ese momento tanto como vosotras. Mientras voy hacia vuestra habitación puedo oír los restos de alguna pelea o las risas que suelen acompañar a los chistes de Katie. Siempre me guardáis un sitio entre las dos. No basta con que me eche sobre la colcha. Para disfrutar al máximo de este momento debemos estar abrazadas las unas a las otras, bien juntitas.

Hemos leído libros preciosos antes de que os durmierais. Hemos solucionado miles de problemas, relacionados con los chicos, los maestros y vuestros amigos. Hemos hablado de sexo y del amor, y de cómo saber cuál es la decisión correcta. Hemos rezado miles de veces, por nuestros seres queridos, por los animalitos que habíamos perdido, por amigos que estaban enfermos, por familias que tenían problemas. A veces hemos permanecido largos ratos en silencio, a oscuras, escuchando los ruidos de la noche.

Y después, antes de que os quedéis dormidas, la interminable sesión de besos y abrazos. Termino las cuatro cosas que han quedado por hacer. A veces estoy demasiado cansada y decido irme a la cama pronto, pero antes entro un momento en vuestra habitación.

Os contemplo un instante y me pregunto qué os deparará el futuro. Me cuesta imaginar que deberéis enfrentaros con las adversidades propias de la vida. A pesar de vuestra juventud, no obstante, sabéis perfectamente qué son el dolor y el sufrimiento.

Durante los dos últimos años vuestro padre ha sufrido una terrible enfermedad mental. De repente parecía que lo íbamos a perder para siempre y que nada volvería a ser como antes. Tuvimos que superar el miedo, miles de dudas y el sentimiento de impotencia ante la imposibilidad de conseguir que las cosas mejoraran. Y, a pesar de todo, vosotras nunca habéis dejado de apoyar y ayudar a vuestro padre. Gracias al esfuerzo de todos, papá está cada día mejor.

A lo largo de la vida habrá muchas cosas que pongan a prueba vuestro valor y vuestras convicciones. Muchas situaciones que os obligarán a reflexionar y a sacar fuerzas de flaqueza. Me preocupa que tengáis que tomar decisiones difíciles que determinen para siempre vuestro futuro. A una parte de mí le gustaría que el tiempo se detuviera en este preciso instante. Me gustaría poder protegeros y manteneros a salvo. Me gustaría poder arroparos todas las noches de vuestra vida.

Pero sé que no os puedo proteger infinitamente, igual que lo sabía mi madre, y la madre de mi madre, y la madre de la madre de mi madre. Lo que debo hacer es enseñaros, guiaros, aceptaros y respetaros como he hecho hasta ahora. Sé que cometeréis errores. Pero espero que aprendáis algo de ellos. Confío en que lleguéis a ser quienes deseáis ser. Sois fuertes y sabéis quiénes sois. Haced caso de vuestra voz interior. Y, tal y como os digo cada noche cuando apago la luz, «No olvidéis nunca quiénes sois y cuál es vuestro propósito en la vida».

Os querré siempre.

Mamá

Joan, Jenny y Marina

Joan relata la historia de su viaje a Bulgaria en busca de Marina y el proceso de adaptación que requiere la adopción de un niño de otra cultura.

Queridas Jenny y Marina,

Unas de nuestras mayores decepciones como familia han sido un aborto natural y tres embarazos ectópicos. Vuestro padre y yo siempre quisimos tener más de un hijo, y tú, Jenny, siempre quisiste una hermana.

Decidimos recurrir a la adopción internacional. Habíamos visto lo sucedido a dos amigos diferentes con la adopción en régimen abierto en Estados Unidos. Ambos tuvieron que entregar a sus hijos adoptivos a los padres biológicos y eso les sumió en la desolación. Pero aun más allá de querer evitar la posibilidad de semejante sufrimiento, estábamos convencidos de que los niños de otros países tenían gran necesidad de un hogar. Después de muchas indagaciones elegimos Bulgaria.

Marina, tú eras uno de los seis hijos, nacidos fuera del matrimonio, de tu madre biológica, cuyo único medio de sustento era la prostitución. Conforme a la ley en ese país, habías sido ofrecida a dos familias búlgaras antes de que nosotros pudiésemos tener la posibilidad de escogerte. Mientras examinábamos las fotografías suministradas por el orfanato, dimos contigo, con tus ojos vivarachos y luminosos y con tu hermosa sonrisa. Sólo después de elegirte descubrimos que tenías el mismo problema de salud que Jenny, un raro reflujo de riñón. Supimos que vosotras dos estabais destinadas a ser hermanas.

Nuestra familia comenzó a prepararse para viajar a recogerte. Jenny, tú estabas muy excitada. Ayudaste a elegir las ropas que tu nueva hermana usaría en casa. Habíamos enviado fotos de nosotros tres al orfanato y nos habían dicho que tú, Marina, nos reconocerías y comenzarías a encariñarte con nosotros en cuanto nos vieses. Esperábamos que nos hubiesen dicho la verdad. Gritaste asustada al vernos y te aferraste a tu cuidadora.

Eso no era lo que había soñado e imaginado en todos esos meses de expectativa. Jenny, estabas tan asustada y confusa. Sin embargo, yo sabía con toda certeza que Dios había traído a Marina a nuestras vidas como el eslabón perdido. Lo que he llegado a comprender es que nosotros pensábamos que estábamos salvándote, pero para ti éramos extraños que estábamos secuestrándote y apartándote de todo lo que te resultaba seguro y conocido.

Los días siguientes fueron como un sueño lejano. Tú llorabas y gritabas de terror y rabia. Llorabas la pérdida de tu vida. Tú, Jenny, llorabas en mis brazos noche tras noche, y querías devolver a Marina, segura de que debimos haber cometido un error. Nos acostábamos en la cama y yo lloraba contigo. Te dije que también resultaba difícil para nosotros, pero tu padre y yo sabíamos que Marina iba a ser parte de nuestra familia. No podíamos criarla sin tu ayuda.

Han transcurrido unos meses. El proceso de adaptación continúa, pero nuestros lazos como familia crecen día a día. Marina, tu cara se ilumina cuando Jenny entra en la habitación. La sigues a todas partes. Jenny, tú deseas que tu hermana te deje en paz, quieres estar sola, que encuentre a otro a quien seguir, lo mismo que sienten todas las hermanas mayores. Pero tú también la quieres y estás comenzando a hacer un lugar para ella que sólo otra hermana puede llenar. Estoy muy orgullosa de ti por tu valentía y disposición para lograrlo.

Quiero que siempre sepáis que no puedo imaginar mi vida sin una de vosotras. No puedo expresar con palabras lo que significáis para mí. Os quiero desde el día en que entrasteis en mi vida. Jenny, tú saliste de mi vientre; Marina, tú viniste de un orfanato. Ambas fuisteis puestas en mi vida por Dios, sólo que os trajo por puertas diferentes.

Mis queridas hijas, os amo.

Mamá

Joanne, Angela, Carmen y Gina

Joanne habla de la importancia de la unidad entre la gente de diferentes culturas y de los desafíos que se le presentan a un matrimonio mixto.

Queridas Angela, Carmen y Gina,

Escribo esta carta para expresar mis pensamientos, sentimientos, esperanzas y deseos para cada una de vosotras. Os amo, agradezco a Dios por teneros y estoy orgullosa de las bellas jóvenes que habéis llegado a ser, por dentro y por fuera.

Como afroamericanas e hijas de una familia racialmente mezclada, habéis afrontado algunos desafíos difíciles en vuestras vidas. Aunque habéis sido bendecidas con un maravilloso grupo de parientes negros por mi parte y un grupo igualmente maravilloso de parientes blancos por parte de papá –abuelos, tíos, tías y primos–, lamentablemente vivimos en una sociedad racialmente dividida que no siempre considera favorablemente la idea de «mezcla de razas», lo cual se traduce en una variedad de respuestas y reacciones ante nuestra singular familia de blancos y negros unidos.

Habéis soportado las miradas de incredulidad, los gestos de desaprobación y la hostilidad manifiesta, así como las cálidas y ocasionales sonrisas de aceptación y las expresiones explícitas de aprobación de la gente que piensa como nosotros. Sin embargo, en todas las circunstancias siempre habéis mantenido la cabeza alta y conservado la dignidad, dejando que la cualidad de vuestra personalidad resplandeciese más visiblemente que el color de vuestra piel.

Sois como puentes de unidad entre la herencia católica germanoirlandesa del lado de la familia de papá y la mezcla de culturas predominantemente afroamericanas y americanas nativas por mi lado. Me parece que os toca representar un papel singular en el mundo como embajadoras de paz, amor y unidad entre las razas. Sólo con ser quienes sois estáis derribando naturalmente las barreras de desunión en una nación dividida racialmente, construyendo puentes de esperanza entre ellas.

Mis esperanzas para vosotras son un mundo pacífico y de armonía racial centrado en Dios, en el cual podáis criar a vuestros hijos en un ambiente seguro y libre de todo miedo, desconfianza y división, un mundo donde prevalezca el amor y donde la raza humana sea lo único que importe realmente.

Con todo mi cariño.

Mamá

Marla y Marisa

Marla escribe palabras de amor, esperanza e ilusiones para el futuro de su hija mientras se preparan para su boda.

Querida Marisa,

Cuando reflexiono sobre mis esperanzas y deseos mientras te preparas para tu próximo matrimonio con Jon, mi mayor preocupación es tu felicidad. Tu felicidad actual queda evidenciada por el brillo de tus ojos y el resplandor de tu ser. Debido a mi deseo de que tu felicidad continúe, me gustaría compartir contigo algunas de las cosas importantes que he aprendido en mis 25 años de amor y matrimonio. Creo que estos consejos son algunas de las claves para un matrimonio feliz.

Para tener éxito en el matrimonio hace falta un amor que provenga de lo más profundo de tu alma, además de un compromiso tenaz y decidido de ser paciente, cariñosa y comprensiva en los momentos difíciles. La vida te traerá desafíos sin que los pidas. Tú y Jon tendréis que confiar en que el amor mutuo y la fuerza interior sean vuestro ancla en las tormentas de la vida.

Tu relación con Jon debería ser lo prioritario en tu vida. Deberías considerar qué es lo mejor para tu amistad continuada con Jon por encima de la familia, los amigos, la profesión o los hijos. Son muchas las relaciones importantes en tu vida cuya prioridad tendrás que considerar cuando éstas te reclamen más atención. Te digo esto con sentimientos contradictorios. Mi mayor alegría es que hayas encontrado el amor verdadero, pero también me doy cuenta de mi miedo al comprobar que has crecido y que la vida nunca volverá a ser como antes para nosotras. Habrá momentos en los que querré que estés conmigo, pero tú estarás con Jon. Me disculpo desde ya por las veces en que pueda comportarme de forma hiriente. Ahora entiendo mejor el dolor de mi propia madre cuando elegí estar con tu padre en vez de con ella.

Haz que tu matrimonio sea el súmmum de asociación equilibrada, en la que ambos compartáis decisiones y responsabilidades equitativamente. Encuentra siempre tiempo para divertiros juntos. La vida es estresante y tú necesitas dosis regulares de diversión y relajación. Considero que la diversión y la risa son el «pegamento» de un matrimonio. Puede componer casi todo.

Daos uno al otro numerosas dosis diarias de tierno afecto. Mantened vivo el romance mediante pequeños actos de amor y de amabilidad. El amor que vosotros dos os profesáis tiene todos los ingredientes para un romance y un noviazgo que dure toda la vida.

Podría continuar con mis consejos, pero aprenderás todo lo que yo he aprendido y más. Por ser tu madre te quiero como nadie puede hacerlo. Yo te llevé en mi vientre y junto a mi corazón mientras esperaba ansiosamente tu nacimiento. Cuando te tuve en mis brazos por primera vez supe que eras especial. Luego cuando diste los primeros pasos me sentí muy excitada. Poco después sentí una punzada de tristeza cuando comprendí que eran tus pasos iniciales para independizarte de mí.

Me ha encantado participar en cada nuevo paso que has dado en tu vida. Desde entonces he sentido un profundo orgullo con cada uno de tus logros. Este paso hacia el matrimonio es significativo. Siento una gran alegría ante la perspectiva de lo que te espera y te pido perdón por las veces que derramé lágrimas al pensar que mi relación contigo había cambiado para siempre. Eres una persona excepcional, Marisa, y yo he tenido la suerte de ser tu madre.

Todo mi amor para siempre.

Mamá

Andrea y Hermila

Andrea ha trabajado en Estados Unidos durante 11 años y está trayendo a sus hijos a este país uno a uno.

Querida hija Hermila,

Te escribo una carta para hablarte un poco de mis experiencias. Como sabes, cuando estábamos en México vivíamos en un pueblo pequeño. Era hermoso vivir allí, pero también éramos muy pobres. Por esa razón tu padre y yo tuvimos que irnos a Estados Unidos. En esa época tú eras muy pequeña y me dolió mucho estar separada de ti. No teníamos otra alternativa. Ésa es la razón por la cual, con todo el dolor de mi corazón, tuvimos que dejarte con mi madre y venir a este país.

Desde entonces he tenido que trabajar muy duro para poder ganar dinero para traerte aquí a vivir conmigo. Es muy importante para mí que tú y tus hermanos podáis recibir una buena educación. Yo no he tenido esa oportunidad, pues mis padres también eran muy pobres. Yo quiero una vida mejor para ti.

Quiero decirte que seas fuerte y siempre trates de salir adelante. Puedes hacerlo sin temor y con mucha fe en Dios. Mi propia fuerza y mi fe me han ayudado en estos últimos años, que han sido tan difíciles. Por muchas razones tu padre y yo hemos tenido que seguir caminos separados. A pesar de que fue muy duro, quiero que sepas que no dejé que eso me abatiera. Por el contrario, me siento muy orgullosa de haber vencido las dificultades y de continuar avanzando. Me gustaría que un día tú también te sientas orgullosa de todo lo que eres capaz de conseguir.

Sabes que la vida puede ser muy difícil. Sin una buena educación es aún más dura. Por eso quiero que te esfuerces siempre y que saques el mayor provecho de tu vida. No tengas miedo, porque siempre que me necesites estaré contigo.

Con todo mi amor.

Tu mamá

Jennifer y Kallysta

Jennifer explica la vida de una madre adolescente y los objetivos y los sueños que persigue para su hija y para sí misma.

Querida Kallysta,

Trece días antes de cumplir 17 años te di a luz. Mucha gente no podía comprender que una madre adolescente como yo estuviese tan encantada con el nacimiento de una hija que no había previsto. Era como suponer que no podía quererte como cualquier otra madre, casada y de más edad. Algunos dijeron que nunca terminaría mis estudios, que nunca llevaría la vida de una adolescente normal y que carecía de madurez emocional para hacer frente a las responsabilidades de la maternidad. En realidad, esas actitudes negativas nunca me molestaron. Desde el momento en que te vi supe que estábamos destinadas a hacer grandes cosas en la vida, juntas. Te quiero tanto como cualquier otra madre puede amar a su hija.

Terminar o no los estudios nunca fue una preocupación para mí. Siempre me había ido bien en la escuela. Después de tu nacimiento seguí dedicándome a mis estudios como de costumbre, pero ahora había incluso una razón más para terminarlos. Ya no era por mí, era por ti. Haría cualquier cosa para asegurarte que tengas la mejor vida posible. Estoy firmemente convencida de la importancia de una buena educación y de que debo darte un buen ejemplo. Quiero que seas lo mejor que puedas y pienso que ser lo mejor que yo pueda ser es el primer paso para ti.

Durante un tiempo no estuve segura de si sería capaz de ir a la universidad. Pensé seriamente en abandonar. Luego me di cuenta de lo importante que sería para ambas. Tú fuiste mi motivación para todo. Debo haber hecho todo bien porque fui aceptada en una buena universidad. Recuerdo el día que terminé mis estudios en el instituto. Sentí que había dado mi primer paso importante en nuestra vida juntas. Tú eras la persona con quien yo quería compartir mi alegría.

Se dice que cuando se tiene un hijo en la adolescencia la vida como adolescente termina. Es verdad que di un gran salto hacia la adultez. Ya no hacía las mismas cosas que antes de tu nacimiento. Mientras mis amigos estaban en fiestas y haciendo cosas propias de la gente de su edad, por lo general yo estaba paseando contigo. Pero prefería estar contigo en vez de salir con un grupo de gente que no pensaba como yo. Trataba de salir y de relacionarme, pero siempre estaba preocupada por volver a casa contigo. Cada vez que voy a algún lugar, siempre pienso en que preferiría estar contigo.

Algunas personas sienten pena por mí y dicen que salgo poco. ¡No hay ninguna razón en absoluto para que sientan pena por mí! ¿Cómo pueden sentir pena por alguien que tiene un don tan precioso? Estoy muy agradecida por tu presencia en mi vida. Nunca antes había conocido un amor tan verdadero, incondicional e inocente.

No creo que mi edad haya hecho que me sienta más angustiada o abrumada que cualquier otra madre primeriza. Siempre he tratado de hacer todo lo que puedo. Sé que he sido una buena madre para ti. Estoy segura de mis aptitudes como madre, probablemente porque eres lo más importante en mi vida. Si hay algo de lo que me enorgullezco de hacer bien es esto.

Has tenido un gran efecto sobre mis sentimientos, brindándome muchos que no conocía. Nunca pensé que podía amar tanto o sufrir tanto por otra persona. Es imposible decirte cuánto significas para mí. Pero espero que diciéndotelo algún día y siendo una buena madre para ti por el resto de mi vida sabrás lo mucho que te quiero. Tú eres mi queridísima niña. Nunca lo olvides, mi Ángel Más Hermoso.

Con todo mi cariño.

Mamá

Fatima, Jennifer y Kallysta

Fatima comparte su dolor al enterarse del embarazo de su hija adolescente y el futuro esperanzado que ve ahora para su hija y su nieta.

Querida Jennifer,

Recuerdo haber descubierto que estaba embarazada de mi primer hijo a los 26 años. Me sentí aterrorizada aunque entusiasmada ante la perspectiva de convertirme en madre, algo con lo que siempre había soñado. Durante el embarazo sufrí las habituales náuseas matinales, pero no tuve ningún problema importante. El día que fui al hospital supe que tendría una hermosa hija al día siguiente, después de 33 horas de trabajos de parto y de una cesárea de emergencia. Estaba encantada de ser la orgullosa madre de una muchachita adorable como tú.

Con el transcurso de los años me ocupé de satisfacer todas tus necesidades. Te permití tener todo lo que deseabas, algo que, como comprendí demasiado tarde, fue un gran error. Hacia la época en que llegaste al quinto curso estabas pasándolo mal con los problemas cotidianos del desarrollo. Cada noche se producían largas conversaciones y sesiones de llanto hasta altas horas. Los cinco años siguientes continuaron siendo difíciles para ambas. Probamos algunas sesiones de orientación, pero no parecieron ayudar mucho.

Cuando estábamos preparándonos para que ingresases en el tercer curso del bachillerato, me di cuenta de que no podías dormir lo suficiente y de que te sentías mal después de comer. Comencé a sospechar que podrías estar embarazada, pues ese verano habías estado saliendo mucho con tu novio. Fuimos a la farmacia y compramos un test del embarazo: los resultados fueron positivos. No quería creer que pudiese ser cierto. Fuimos a ver a mi doctora y ella me confirmó lo peor: mi niña iba a tener un bebé.

Debí haberme pasado una hora sentada y llorando en la consulta de la doctora. Cuando dejamos la consulta, no podía ocultar mi sufrimiento ni mi rostro enrojecido e hinchado. Tú tampoco estabas mucho más serena. Esperamos casi una semana antes de decírselo a tu padre, pero era difícil ocultar lo que estábamos pasando. Sabía que tu padre no lo tomaría bien y el día en que se lo dijiste pareció sufrir un *shock* total. No aceptó en absoluto esa noticia no deseada. Era muy difícil entusiasmarse con la noticia de que una hija de 16 años a punto de iniciar el tercer curso del bachillerato estaba embarazada, sin ningún empleo o seguridad a excepción de sus padres, quienes no querían asumir esa clase de responsabilidad. No sabía si mi matrimonio sobreviviría a ese golpe tan conmocionante. Sin duda, nos puso ante la mayor prueba de nuestra vida.

De alguna manera conseguiste centrar tu energía en los estudios y terminaste el curso con matrícula de honor. Algunas mañanas te sentías tan agobiada que rompías a llorar y no podías asistir a la escuela. En esos días yo te animaba a estar preparada y pasábamos el tiempo juntas. Lo hicimos en los momentos difíciles de aquella época.

Casi al final de tu embarazo comencé a sentir este incontenible sentimiento de respeto y admiración por ti y por el modo en que hacías frente a toda la adversidad que debías soportar día a día. Recuerdo haberte sorprendido con un ramo de flores acompañado de una tarjeta en la que te decía lo orgullosa que estaba de ti.

Tú lograste ir a la escuela hasta la semana anterior al alumbramiento, lo cual te permitió terminar el curso. El 10 de abril, 13 días antes de que cumplieses 17 años, me despertaste temprano y fuimos al hospital. El padre del bebé y su familia estaban allí y yo pude presenciar el nacimiento de mi nieta. Fui el primer miembro de la familia que la tuvo en brazos y me enamoré de ella de inmediato. Estaba tan despierta, mirándome fijamente con sus grandes ojos oscuros que seguían los sonidos de la sala. Y allí estabas tú, mi hija. Una vez más me asombrabas por completo al comportarte de una manera tan adulta.

Kallysta tiene ahora 16 meses. No puedo imaginar la

vida sin ella. Colma nuestros días de risas y alegría y nos ha acercado más. Al ver a tu hija cada día me pongo a pensar en que lo que parecía ser una situación tremenda llegó a ser un verdadero regalo de felicidad. Y lo más importante, Jennifer, es que te has convertido en una madre solícita y cariñosa. Algo debo haber hecho bien.

Sólo puedo imaginar el futuro más brillante para ti, mi preciosa. Tenemos un largo camino que recorrer, pero si continuamos ayudándonos mutuamente cosecharemos los frutos de una vida satisfactoria.

Te querré siempre.

Mamá

Una madre a su hija Tawnie

Una madre de tres niños escribe a la hija que perdió.

Querida Tawnie, la hija que nunca tuve,

Ahora tienes tres hermanos, casi todos mayores. Ha pasado tanto tiempo que ya pocas veces pienso en ti. Supongo que Solzhenitsyn tenía razón: los mortales somos incapaces de seguir siendo fieles o viviendo en el dolor. La vida continúa.

Sin embargo, te quise durante los tres meses que te llevé en mi vientre. Soñé con la niña rubia, de ojos celestes y mofletuda que serías. Pensaba coser metros de volantes y encaje de color rosa en tus ropas. Contabas con una familia para darte la bienvenida. Esperaba que tuvieses amigas alegres, una vida normal y feliz, y buena salud. Por supuesto, esto nunca pudo ser. Una vez más, el médico dio extensas explicaciones acerca de las razones por las cuales perdí al bebé.

Pero éste es un dolor antiguo, de hace más de un cuarto de siglo. Ahora lo recuerdo y me sorprendo. Los muchachos siguen sus propios caminos –la facultad, los empleos– y se fueron muy lejos, al otro lado del país. Parece que descubren sus alas y quieren volar, lejos de mamá.

Me pregunto si con una hija habría sido diferente.

¿Habrías permanecido cerca, si no físicamente, al menos manteniéndote más en contacto conmigo?

A veces siento celos de mis amigas que tienen hijas. Parecen mantener una relación más estrecha y pueden compartir los infortunios, caprichos y veleidades de la vida. En mi familia hay mujeres con quienes puedo compartir todo, y supongo que siempre quise ofrecer eso a otra generación, como una reliquia de familia.

No es mi intención seguir con esto y ponernos tristes. Mientras escribo cuento con tener nueras algún día. No será lo mismo que una hija, pero tal vez, Tawnie, al echarte de menos me esforzaré por darles la bienvenida a la familia.

Con amor.

Mamá

Carol y Susie

Carol, una madre de hijos adultos, vuelve a afrontar la maternidad en la madurez al adoptar a una niña china.

Querida Susie,

Estoy segura de que ninguna madre olvida la primera vez que posó sus ojos en sus hijos y mucho menos en tu caso. Con casi 50 años y siendo madre de tres adolescentes, estaba nerviosa cuando viajé a China para conocerte. La única información que tenía sobre ti era un dossier médico enviado por fax con el retrato de una niña con cara de luna llena, descrita como «patizamba». Sabía que para la ley china tenías que ser calificada como disminuida física para que te diesen a una familia que ya tenía hijos.

Imagina mi alivio cuando me entregaron a una niña bastante pequeña, que se limitaba a mirarme en silencio y luego comenzó a sonreír y a moverse. Tu madre de acogida vino a despedirse y parecía tan alegre y juguetona como tú. Tenías las piernas más rectas que he visto en un bebé.

Susie, fue una historia larga, triste y sin embargo llena de esperanza la que te llevó a convertirte en nuestra hija. Somos lo bastante mayores como para recordar los sueños que impulsaron a la gente a apoyar la revolución china, sueños de justicia económica e igualdad, y para haber visto con nuestros ojos cuánto falta para que esto se cumpla, no sólo en China, sino en todo el planeta. Recordamos el eslogan chino «las mujeres sostienen la mitad del cielo», y sabemos muy bien que las niñas pueden sufrir todavía el abandono físico o cosas peores en China y en todo el mundo. Pero, Susie, tu pueblo nunca ha dejado de buscar soluciones prácticas a los problemas, por lo que tú y miles de otras niñas de tu edad habéis sido adoptadas por familias de todo el mundo. Al decidir permitir estas adopciones, el gobierno chino tuvo que situar las preocupaciones humanitarias por encima del orgullo nacional.

¡Ya nos has dado tanto! Estamos continuamente asombrados y encantados por tu inteligencia y tu carácter dulce y cariñoso. También estoy sumamente agradecida por la ayuda que he recibido de la familia y de los amigos para cuidar de ti. En mi madurez, me había vuelto autocomplaciente en mi comodidad, y en la dedicación a mis objetivos personales había comenzado a estrechar mi círculo de interacción y piedad. No hay nada como criar a un niño para hacer que una persona se sienta, cada día, parte de un empeño mutuo compartido con toda la humanidad y comprenda el milagroso esfuerzo de amor que explica la perpetuación de la raza humana.

Susie, nuestra familia vive en condiciones maravillosas y tú nunca pasarás hambre ni estarás desprotegida. Por favor, sé agradecida por esta abundancia y en tu propia vida haz algo para extender estas condiciones a otros. Quizá tu madre biológica no ha tenido los recursos para hacerlo, pero se arriesgó para que pudieses vivir. ¡Por favor, que su valentía se te contagie! Ahora vives en una familia y en un barrio culturalmente mixto, y con esta herencia compleja esperamos que crezcas siendo tolerante y compasiva, consciente de la humanidad común de toda la gente. Este también será un don que puedes transmitir, pues aún hay muchos prejuicios en el mundo. ¡Nunca renuncies a tu idealismo, Susie! Tu madre adoptiva te enseñará a cantar las palabras de un antiguo dicho judío: «Todo el mundo es un puente muy estrecho y lo importante es no tener miedo».

Con amor.

Mamá

Leonor y Noycita

Leonor escribe sobre el día de la graduación de su hija en la universidad.

Mi querida hija Noycita,

En este día es tanto lo que quiero decirte que cien páginas no bastarían para expresar mis pensamientos en palabras. Seré breve y sólo mencionaré los aspectos más confidenciales.

Sobre todo, doy gracias a nuestro Dios por todo lo que Él ha hecho en tu vida. Él fue tu guía, la luz que iluminó tus pasos, quien nunca te abandonó y quien respondió cuando le llamaste. Nunca pierdas la confianza en el Señor.

Noycita, cuando eras más joven y nuestra familia se enfrentó a pruebas difíciles, tú me preguntaste cómo podías ayudar. Tu corazón era muy joven para soportar tanto dolor. Pero estabas ansiosa por ayudar a la familia y dejar de lado tu propio sufrimiento. Hija mía, te doy las gracias por ser tan sensata. Cuando te daba un consejo, escuchabas y lo ponías en práctica. Triunfaste sobre todas las pruebas que surgieron en tu camino, las superaste y siempre sonreíste al final.

Recuerdo haberte contado la historia de la semilla, esperando que nunca la olvidases y supieses valorarla. Dios te dio una semilla imaginaria que puede seguir muchas sendas. Sólo tú puedes controlar la senda. La primera es la senda de La Semilla Olvidada. Aunque cada uno de nosotros tiene el don de la semilla, no todos lo utilizarán. Algunos dejarán de lado la semilla, pensando en plantarla cualquier otro día. Pero no lo hacen nunca; nada brotará jamás de la semilla.

La siguiente es la senda de La Maleza. Comienzas por darle todo lo que la semilla necesita: luz, agua y amor, hasta que un día te enfrentas a sufrimientos y pruebas. La presión de la vida comienza a afectarte y llegas a conformarte con no alcanzar tus objetivos y sueños. Entonces la semilla queda desatendida y olvidada. Aunque la semilla comenzó a crecer, su desarrollo se detuvo y sólo logró convertirse en maleza.

La última es la senda de El Árbol de Muchas Ramas. Tú alimentaste la semilla, le diste amor, luz y agua. Por dura que haya sido la vida, te ocupaste de la semilla hasta que se convirtió en un hermoso árbol lleno de ramas.

Hija mía, a ti te toca elegir el camino. Pero recuerda: cuando seas vieja y tengas los cabellos grises y mires hacia atrás en tu vida, ¿qué verás? ¿La Semilla Olvidada, sabiendo que desperdiciaste la oportunidad que Dios te dio? ¿La Maleza, sonriendo porque lo habías intentado, pero poco después enfadada porque no fuiste persistente en seguir tus sueños? ¿O El Árbol de Muchas Ramas, en el que cada rama representa una parte de tu vida, las tribulaciones y los sufrimientos, los triunfos y las victorias, todos ellos contribuyendo al desarrollo pleno de tu árbol donde tus sueños han llegado a ser realidad?

Querida mía, toma esta semilla y conviértela en un hermoso árbol. Trata de lograr cada uno de tus objetivos. Por cada rama que sea un error, mira hacia atrás y aprende de él.

Gracias por ser la hija que eres. Me siento tan colmada de alegría en este día especial, que soy capaz de olvidar todos mis problemas. Es un día maravilloso no sólo para ti, sino también para mí. Significa muchísimo en mi vida. Gracias por brindarme semejante alegría.

Te quiero.

Mamá

Theressa y sus hijas

Theressa habla de su agradecimiento por las bendiciones y la dicha que tiene gracias a su familia y a la fe que les sostuvo, tanto en los momentos difíciles como en los buenos.

Hijas mías,

En nuestra última reunión familiar me pidieron que diese las gracias por todas mis hijas. La casa estaba repleta con vuestros hijos y nietos. Pero a pesar de toda la actividad que había, el Señor volvió a ser bueno y bendijo el momento uniéndonos.

Todas habéis aprendido a amar al Señor nuestro Salvador. Él ha sido el fundamento de nuestra familia. Él ha sido lo primero en nuestras vidas y todas vosotras habéis aprendido lo importante que es. Todas habéis sido criadas para servir al Señor y para confiar en Él para todo. Él es muy bueno y gracias a Él todo es posible.

Recuerdo haber oído muchas veces que no deberíamos tener tantos hijos. Una casa ocupada por 22 niños era demasiado, según nuestros parientes. Decían que no estaríamos en condiciones de cuidar de todas vosotras. Pero vuestro padre y yo trabajamos duro para atenderos, para aseguraros a todas una educación y que aprendieseis a encontrar a Dios dentro de vosotras. Dios ha sido fiel y hemos sido bendecidos, una y otra vez.

Nuestras vidas no siempre han sido fáciles. La casa se nos incendió en dos ocasiones. La primera vez fue un incendio serio, pero todos salimos ilesos y logramos construir una casa grande y nueva y una capilla. Pero siete años más tarde, cuando el segundo incendio se llevó nuestra casa y todo lo que teníamos, yo estaba desconsolada. Recuerdo que no podía llorar, no podía caminar, ni siquiera podía rezar. Pero de alguna manera el Señor nos hizo superarlo y salir a flote. Ahora tenemos otra casa y otra capilla. Aun cuando no siempre podéis pedir ayuda, el Todopoderoso está allí con vosotras. Tened fe en Dios y Él soportará vuestras cargas.

Siempre os dije que fueseis ambiciosas, que os esforzaseis allí donde Dios os pusiese y encontraríais sus dones. A veces temo haberos hecho adictas al trabajo. Pero cuanto más trabajáis, mejor os sentís con vosotras y con la vida. Recuerdo que siempre dije: «No os acostéis muy tarde. Levantaos temprano, cuando el aire sopla y la mañana es fría, y ofreced al Señor los primeros frutos de vuestros labios».

Os dije que no envidiaseis nada que no fuese el agradecimiento por las bendiciones que Dios os dio. Hoy os veo a todas vosotras con vuestras propias dotes y vuestros talentos. Estáis enseñando a vuestros hijos que amar a Dios es lo más importante de la vida y que cuanto más conoces a Dios y le sirves, más sabes que nada es imposible de hacer.

Yo os enseñé a todas a ser gente, gente. ¡Dios es amor!

Estamos para amarnos unos a otros. Ese amor forma un lazo que nos une y es eterno. Ocupaos de los demás, preguntaos cómo querríais ser tratadas si fueseis esa persona.

Estoy orgullosa de mis hijas. Cada una de vosotras es única como el día en que nacisteis. Cada una de vosotras es individual y especial. Siempre os dije que os amaseis, no que os consideraseis mejores que los demás, sino que os amaseis para poder hacer todo lo que quisierais.

Cuando yo era joven no recibí mucha educación. No terminé el octavo curso. Me casé. Los demás sí la recibieron, pero yo me dije que con la ayuda de Dios podría ser lo que quisiera. Ninguna mujer podría superarme en nada si me esforzaba allí donde Dios me pusiese. Por lo tanto, me esforcé para cuidar de mis hijas y atender mi casa. Ésa era mi oportunidad e iba a aprovecharla lo mejor que pudiese.

Recordad que Dios es nuestra vida. Vosotras sois su templo y Él vive en vosotras. Ocupaos de vosotras; amaos como os ama el Señor.

Haz de Yavé tus delicias,
y te dará lo que tu corazón desea.
Encomienda a Yavé tus caminos,
confía en Él, y Él obrará.
—Salmo 37:4-5
Os amo.

Mamá

Wendy y Jaime

Wendy escribe sobre su amor incondicional por su hija excepcional, que tiene una enfermedad metabólica congénita.

Querida Jaime,

Mientras te escribo esta carta, tú acabas de terminar el bachillerato. Normalmente, éste es un hito en la vida en el que una madre reflexiona sobre todo lo que ha enseñado o deseado impartir a su hija y se prepara para dar consejos para el futuro. Pero ¿nuestras vidas han sido normales, tesoro? Pienso que para nosotras es lo contrario; en cambio, es mucho lo que me has enseñado en 18 años.

Cuando pienso en ti lo primero que siento es un amor arrollador, desbordante. Un amor incondicional, nacido de ser tú mi primogénita, mi hija minusválida y vulnerable. Al ser nuestra primogénita no nos dimos cuenta inmediatamente de los problemas en tu desarrollo. Pero fue un proceso gradual de aceptación, de abandonar sueños, objetivos y expectativas, y aprender a confiar en Dios para tu futuro. Tú me enseñaste eso, Jaime.

Tú me enseñaste perseverancia y a ser abogada defensora. Había muchos desafíos, tanto en el campo médico como en el educativo. Yo era tu voz. Aprendí a conseguir que la gente te viese como a una persona con necesidades y sentimientos, y no sólo como a una suma de impedimentos múltiples.

Tú me enseñaste a ser firme y enérgica y, a pesar de ello, llevarme bien con los demás en el proceso. Tú me enseñaste paciencia, una lección muy dura que todavía estoy aprendiendo, esperando los resultados de la prueba, esperando cualquier pequeño signo de progreso después de horas, días y años de trabajar en el desarrollo de aptitudes en la escuela y en la terapia. Tú me enseñaste el valor de lo que es realmente importante en la vida. No eran mis ideas preconcebidas de una familia «feliz», ordenada, exitosa, perfecta como yo podía hacerla. Pero en cambio aprendí el valor de invertir en vidas, algo que cuenta para la eternidad. Invertí en ti.

Has afectado a las vidas de tanta gente, sólo con ser tú. La gente ha desarrollado más comprensión, aceptación y tolerancia al ser parte de tu vida, especialmente yo. Aquellos que se han tomado tiempo para conocerte han llegado a quererte, por tu carácter sociable, tu sonrisa, tu risa contagiosa. También lloran por ti cuando sufres tus ataques incontrolados y pierdes la visión. Tú me has enseñado la alegría de las pequeñas cosas y a valorar y estar agradecida por las cosas que suelen esperarse o darse por descontado. Durante muchos años no pudiste mostrarme amor a tu vez. Qué alegría y bendición fue sentir tu primer abrazo a los 5 años, o tu primer intento de un beso a los 16. He aprendido a vivir con la adversidad y a encontrar una medida de la felicidad en eso. He aprendido a afrontar el dolor de la incompetencia, de no ser capaz de resolver los problemas de aquellos a los que amo.

La parte más dura ha sido aprender a separarme gradualmente de ti. Tener que dejarte en un hogar de acogida para que tuvieses mejores servicios de protección médica y legal en tu vida adulta, fue una decisión terrible, y continúa siéndolo. Nuestras vidas han estado entrelazadas diariamente. Qué vacío dejaste cuando te fuiste. Vivir con el conocimiento de que tendré que ver tu deterioro y tu muerte es una perspectiva casi insoportable. Una madre siempre quiere lo mejor para su hija. Yo he tratado de dártelo dentro de mi poder limitado y he rezado fervientemente por ti. He aprendido que la salud, la felicidad y el dar amor es más importante que todo lo demás.

Si pudiese darte salud y curar tu enfermedad, sacrificaría todo. Pero lo que puedo hacer es darte amor incondicional y esperar pacientemente hasta que podamos caminar y hablar contigo y hacer todas las cosas que madres e hijas hacen juntas, en el cielo algún día. Estoy muy agradecida por haber tenido la responsabilidad formidable y el privilegio de cuidarte y criarte durante 18 años. No lo habría cambiado por un camino más fácil, pues tú me has enseñado lo que es más importante en la vida.

Siempre serás mi tesoro.

Con todo cariño.

Mamá

Marian y Ruth

Marian, una de las primeras mujeres que fue ordenada sacerdote de la Iglesia anglicana en Australia, habla de la capacitación y de la liberación no sólo de su hija, sino de todas las mujeres.

Querida Ruth y todas mis hijas, a todas quienes estáis en el umbral de la vida,

Mi historia es ésta. En 1980 consideré que debía intentar lograr la ordenación en la Iglesia anglicana. Durante los 12 años siguientes me dediqué de diversas maneras a tratar de alentar a la iglesia a ordenar a las mujeres. En la actualidad soy una de las primeras mujeres que han sido ordenadas en la Diócesis de Brisbane.

Estoy firmemente convencida de que mi hija y todas las mujeres deberían tener la oportunidad y la libertad de ser quienes son. Creo que ésta es la razón por la que fuimos creadas y que ése es el deseo de Dios para nosotras, para nuestros cónyuges, nuestros hijos y nuestras hijas. Soy consciente de que todavía quedan montañas por escalar, que todavía deben hacerse cambios, pero sé con absoluta certeza que la recompensa justifica los costes, para mí misma, pero más especialmente para las que vienen detrás. Por consiguiente, he dirigido mi carta a todas mis hijas, pues mi viaje me ha llevado a querer facultar y liberar a *todas* las mujeres.

Confío en que habría encontrado la ocasión y el valor para hablar con vosotras aunque no hubiese existido este libro. Vosotras y yo hemos compartido momentos interesantes y espero que hayáis aprendido de mis luchas, así como os habéis regocijado con mis éxitos. Más que eso, espero que vosotras y muchas otras lo consigáis.

Para muchas mujeres el mundo ha sido un lugar hostil. Hemos intentado, por lo general, sin éxito, encajar en un molde que nunca iba a ser el adecuado. Nos hemos destrozado en pedacitos tratando de ser «buenas esposas» y «buenas madres», «buenas cocineras» y «buenas enfermeras», y, en los últimos tiempos, «buenas empleadas». Con mucha frecuencia hemos fracasado, o si tuvimos éxito, ha sido con un gran coste para nosotras mismas. Al tratar de ser lo que no éramos, perdimos ser quienes éramos.

Creo que el mundo está cambiando, que vosotras no llevaréis la carga de la culpa o de la indecisión acerca de las profesiones y las familias, que vuestras parejas entenderán la reciprocidad en las relaciones, que seréis «progenitores» más que «madres» y «padres», que vosotras y vuestras amigas comprenderéis que ser mujer significa muchas cosas que no son exclusivas de uno u otro.

Ha sido una alegría tan grande observaros crecer, veros ganar seguridad y llegar a ser vuestra propia persona, veros a vosotras y a vuestras amigas traspasar el umbral de un mundo que está cambiando lentamente.

Ruth, mi amor, tú conoces muy bien el inmenso cariño que te tengo y lo orgullosa que estoy de ti. Cuando veo ante mí a una mujer joven y segura y cuando los demás me dicen que tengo una hija hermosa, me siento orgullosa, pero no es porque me atribuya ningún mérito. Estoy orgullosa y satisfecha de ti porque eres tu propia persona.

Me resulta difícil darte consejos o brindarte palabras de sabiduría, pues eso sería suponer que soy sabia o que he descubierto las respuestas. Pero si algo he aprendido a lo largo de mi vida o de mi ministerio es que Dios nos pide que seamos plenamente nosotros mismos, que seamos la persona que Dios creó y que seamos esa persona en todos los papeles. No existe nadie que sea «esposa» o «madre», sólo existen Ruth y Susan, Marian y Kate, que siguen siendo Ruth y Susan, Marian y Kate aunque sean esposas, madres, empleadas o gerentes.

Ruth, querida, yo no puedo vivir tu vida por ti. Tú debes cometer tus propios errores y aprender tus propias lecciones, pero, hagas lo que hagas y estés donde estés, debes saber que eres única y especial.

Puedes considerarte creada a imagen de Dios, que es vida y amor. Puedes enfrentarte al mundo con seguridad y alegría, pues eres lo que estás destinada a ser.

Dios te bendiga, niña mía, hija mía.

Mamá

Jewell y Sunmiet

Jewell confirma la importancia de exaltar nuestra herencia cultural.

Querida Sunmiet,

Miro tu retrato y veo a una princesa india auténtica. Te has ganado verdaderamente los plumones de águila que llevas y las plumas de águila que sostienes en la mano. No puedo comenzar a explicarte el orgullo que siento cuando pienso que tu padre y yo te creamos.

Crecer en nuestro mundo no es fácil, y hacerlo con éxito como lo has hecho tú es aún más difícil. En muchos aspectos has tenido que aprender a vivir en dos mundos, el mundo de tu pueblo y la reserva y el mundo «blanco». Debido a ser quien eres esto no ha sido fácil. Cuando de niña ibas a la escuela en la reserva, fuiste muy inteligente y destacaste en el curso por talentosa y dotada. Algunos de tus compañeros se burlaban de ti por tu responsabilidad y tus aptitudes. Luego, cuando fuiste al instituto fuera de la reserva, no te aceptaron fácilmente porque eras india. Nunca dejaste que esto se interpusiese en tu camino y has demostrado gran fuerza y carácter al adoptar la postura que mantienes y por todo lo que has conseguido.

En el instituto fuiste una de las pocas estudiantes indias que llegaron a conducir el departamento de alumnos. Al decidir jugar al fútbol en el último curso, cuando no había ningún equipo de chicas, lo hiciste en el equipo de los muchachos y al final de la temporada fuiste distinguida como la «mejor jugadora». Te he dicho que está bien vivir en ambos mundos, pero que el hogar está siempre donde están tu pueblo y tus raíces. Por mucho que sea el tiempo que has estado alejada, una parte de ti se halla siempre en la reserva. Me hace feliz saber que cuando te cases te gustaría volver a la reserva para vivir y criar a tus hijos.

Eres una apasionada de tu herencia cultural. Mi familia procede de las tribus Lummi, Yakima, Haida y Soowallie, y tu padre, de las tribus Warm Springs, Wasco y Umatilla. Te han dicho que tienes tantas tribus corriendo por tu sangre que podrías presidir una asamblea congregada en una sola mujer. Me complace que quieras saberlo todo sobre cada tribu de tu estirpe. Te hemos enseñado nuestros valores culturales y tradicionales y has vivido conforme a ellos, aun cuando habría sido más fácil transigir. Hoy sé de tu preocupación porque, aunque muchos en la reserva continúan las tradiciones de nuestro pueblo, los valores y las creencias que sustentan esas tradiciones están siendo olvidados. La fuerza de nuestro pueblo indio siempre ha estado en nuestros valores tradicionales: devolver siempre lo que se ha tomado de la Madre Tierra y estar agradecido por todo, ser respetuoso con todos y vivir con integridad. Si queremos que nuestro pueblo siga siendo fuerte es necesario transmitir las creencias que respaldan esas tradiciones y esos valores.

Sunmiet, tu cuerpo pequeño y tu espíritu sereno llevan a pensar que puedes ser dominada fácilmente, pero qué fuerza tienes cuando la consideras necesaria para defender las cosas en que crees. Eres amable pero enérgica, sincera y afable, pero muy dueña de tus límites personales. Tu voz dulce expresa con claridad aquello en lo que crees.

Me honras siendo la mujer que has llegado a ser, y he tenido el honor de ofrecerte al mundo. Siempre serás mi niña y siempre sabré cuánta fuerza de carácter y qué ingenio e inteligencia maravillosos posees. Feliz cumpleaños.

Tu queridísima.

Mamá

Lorea a sus hijos

Lorea, que tiene sida, escribe a sus hijos sobre su amor por ellos y su miedo por lo que les sucederá cuando ella haya muerto.

Mis preciosos hijos,

Nadie sabe lo que le depara el futuro. Hace cuatro años me diagnosticaron sida. Ahora pienso muchísimo en el futuro. Más que nada pienso en vosotros, niños. ¿Cómo os las arreglaréis sin mí, quién cuidará de vosotros, cómo será vuestro futuro y qué elecciones haréis sin mi presencia de madre?

Los últimos cuatro años han sido muy difíciles en muchos aspectos. No estamos en una situación económica estable, puesto que ya no puedo trabajar. Sin la ayuda estatal no sé qué sería de nosotros. Sé que no os gusta aceptar las prestaciones de la Seguridad Social y que existe un verdadero estigma al respecto. Pero cuando trabajaba 12 horas al día nunca tenía tiempo para estar con vosotros y me sentía tan cansada que realmente no podía funcionar en mi empleo. Preferiría no tener un duro antes que no disponer de este tiempo para estar con vosotros, niños. Espero que algún día lo entendáis.

Es tanto lo que tendréis que entender. Lamento que esta enfermedad haya irrumpido en nuestras vidas. Pero en realidad no hay que culpar a la enfermedad del sida. La enfermedad del abuso de drogas y alcohol es la que me llevó a esta situación. Comencé a beber a los 13 años. Era una manera de adormecer el dolor que sentía en todo momento. El alcohol me privó de mis padres, de mis sueños, de todo. Luego, a una edad tan temprana, también se apoderó de mí. Debido a mi adicción, perdí la capacidad de tomar decisiones por mí misma. Estaba buscando a los padres que el alcohol me había quitado y en mi búsqueda hice malas elecciones en mis relaciones. Temo que podáis cometer los mismos errores. Recordad que el abuso del alcohol puede conducir a muchos otros abusos. Pero en esa época nunca pensé que mi vida estaría tan afectada y, a su vez, os afectaría tanto a vosotros.

En estos últimos cuatro años he aprendido las lecciones de toda una vida. He aprendido que la negación y la huida del dolor no funcionan. El sida es real y he aprendido a vivir con él lo mejor que puedo. He pedido ayuda, algo que nunca supe hacer bien. He aprendido a perdonarme, así como a perdonar a los demás. Pasé gran parte de mi vida odiando y sintiendo rabia. Pero he llegado a aprender que esos sentimientos no hacían más que destruirme.

Supongo que me he odiado a mí misma más que nadie. De alguna manera, siempre sentí que era indigna. Ha sido sólo a través de este proceso de hacer frente al sida como he llegado a aceptarme. Trato de amar cada parte de mí, incluso la mala, porque es lo que soy. Si hay alguna lección que querría dejaros es que os améis. Encontrad la paz que está con vosotros y no busquéis fuera aceptación y amor. Encontradlos siempre en lo más profundo de vosotros mismos y atesoradlos. Cuando os améis de esa manera, conoceréis la clase de amor que siempre he sentido por vosotros.

Mamá

Pennie y su hija

Pennie recuerda la muerte de una muchacha y el dolor desesperante que sintió por la madre de esa chica.

Hija mía, amiga mía,

Los recuerdos que creamos constantemente son muy importantes en el sentido de que suelen ser lo que nos sostiene cuando nos derrumbamos. Nadie puede quitarnos nuestros recuerdos y podemos rememorar una y otra vez aquellos que escojamos siempre que lo deseemos. Verdaderamente, es una parte maravillosa de nuestro diseño general.

Hoy escribo sobre un recuerdo, del que nunca te he hablado, que nos afectó muy profundamente a mí y a nuestra relación. Aunque no es un recuerdo agradable en muchos aspectos, quiero que lo lleves contigo en la vida. A los 15 años tú ya sentías un gran aprecio por el valor de la vida y un gran amor por los amigos y la familia. Sólo quiero que nunca permitas que nada ni nadie te roben esa cualidad.

Recordarás que hace cuatro años te marchaste felizmente con un grupo de más de cien niños a pasar una semana en un campamento de la iglesia. Yo sabía que lo pasarías muy bien. Te encanta ver a los viejos amigos y hacer muchos nuevos. El día que ibas a regresar a casa recibí una llamada en mi despacho. Una de las muchachas del campamento se había puesto enferma y fue llevada por Life Flight al hospital. Me dijeron que existía la posibilidad de que alguien más estuviese contagiado y que todos los participantes del campamento tenían que ser vacunados antes de volver a casa. Bien, esa información bastó para alarmarme un poco. Cuando llegué a recogerte, todos los medios de comunicación estaban allí, todos los funcionarios sanitarios del condado y un montón de padres preocupados. Todos vosotros parecíais estar bien. Oí hablar de meningitis y de la escasa posibilidad de que alguien más pudiese haberse contagiado.

El horror se desarrolló en los días siguientes, cuando nos enteramos de la lucha de esta niña para sobrevivir y de las decisiones incomprensibles que su querida familia debía tomar. En lo que fue un intento vano por salvar su joven vida, primero se le amputó una pierna y poco después la otra, mientras sus seres queridos no podían hacer nada, impotentes, sin dar crédito a lo que sucedía y profundamente apenados.

La iglesia estaba llena el día de su funeral. Jóvenes en todas partes, música, vídeos y un pastor que buscaba desesperadamente palabras de consuelo donde no podía haberlas. Sin embargo, mi recuerdo de ese día mientras estaba sentada contigo es el de los ojos de La Otra Madre, la madre de la chica. Vi en sus ojos el dolor insoportable que estaría en los ojos y en los corazones de todas las madres amantes en todos los rincones de este gran planeta. Lo que ella había experimentado esa semana superaba lo que la mayoría de nosotros puede comprender.

Mientras te rodeaba los hombros con mi brazo, me encontré imaginando lo que daría esa mujer por salir de esa habitación con su hija. ¿Qué daría por llevarla a casa una vez más? ¿Qué daría por oír a su hija una vez más asomarse por la puerta trasera y gritar: «¡Mamá, estoy en casa!»?

Valoro y atesoro cada día que compartimos en esta tierra, pues sé que por mucho tiempo que pasemos juntas nunca será suficiente para nosotras. Tú y yo parecemos haber aprendido a no despreciar las cosas pequeñas, porque en el plan general de las cosas todo es pequeño. Habitualmente, nos reservamos nuestras pocas batallas para las cosas verdaderamente más importantes de la vida. Te he respetado y amado mucho desde el momento en que supe que estabas conmigo. Qué bendición tener la hija que habría escogido si hubiese tenido la oportunidad de hacerlo. Dios no pudo haberme bendecido más de lo que lo ha hecho contigo y tu hermano, Jared. Vosotros dos siempre seréis la mejor obra, la mejor contribución que he hecho. Mi obra más importante. Sea como sea, siempre estaré a vuestro lado.

Os quiero mucho.

Mamá

Marjorie y Jennifer

Marjorie recuerda haber criado
a su independiente y tenaz hija
durante la Segunda Guerra Mundial
y se deleita con la relación que
comparten en la actualidad.

Querida Jennifer,

Has recorrido un largo camino desde el día en que viniste al mundo durante un ataque aéreo sobre Londres en la Segunda Guerra Mundial. Ésa fue una época muy espantosa para toda Inglaterra. Pasaste tu primera noche, y todas las noches después de ésa durante probablemente tres meses, en un refugio antiaéreo que compartíamos con otras tres familias. Gracias a Dios, no sólo sobrevivimos sino que desarrollamos una gran fuerza interior a raíz de la experiencia.

Yo me quedé en casa contigo y con tu hermano durante un año. Pero luego necesité trabajar. Todos los hombres jóvenes de Inglaterra habían sido llamados a filas, por lo que las mujeres trabajábamos. Yo fui funcionaria de policía durante esos años. Tuvimos la suerte de contar con guarderías para nuestros hijos. Tú jugabas con otros niños y podías hacer algunas de tus comidas allí, lo cual nos permitía ahorrar más raciones de alimentos para los fines de semana.

Eras una niña atrevida. A los dos años te ibas de paseo mientras yo cortaba la maleza del jardín delantero, y te encontraba horas más tarde sentada sobre el mostrador de una tienda de licores. A los tres te alejaste de nosotros mientras estábamos en la playa y te encontramos sentada en la arena junto a un montón de niños observando un espectáculo de marionetas. Después de eso tuvimos que ponerte una rienda, pues ningún corral podía contenerte. A los cuatro comenzaste a ir al parvulario. Luego, en noviembre de 1947, tres meses antes de tu quinto aniversario, emigramos a Estados Unidos.

Nuestra familia fue acogida por una tía y un tío que llevaban algún tiempo viviendo en Spokane, Washington. No tenían familia y ansiaban compañía y ayuda con su granja de pollos. Yo vendía huevos y tu padre iba a trabajar para Kaiser Aluminum, hasta que finalmente se estableció por su cuenta dedicándose a la venta de propiedades inmobiliarias. Parecía que nos asentábamos con bastante rapidez.

Siempre tuviste un espíritu competitivo y competente. Tenías 12 años cuando tu padre fue hospitalizado después de un ataque cardíaco. Tú hiciste de canguro casi todas las noches durante un mes para contribuir. A los 16 años empezaste a trabajar de camarera para comprarte las ropas para la universidad. Lo hiciste todas las vacaciones de verano. Después de haber conseguido tener tu caballo, nunca te perdiste un espectáculo hípico. Continuaste tu educación y tu carrera con la misma convicción. Has seguido sorprendiendo al mundo con tu conocimiento, tus dotes y tu talento.

La vida no siempre ha sido fácil para ti ni para mí. Como tantas madres e hijas, tuvimos una época en la que nuestras diferencias nos separaron. Pero yo nunca dudé de nuestra relación o del amor que sentíamos la una por la otra. Durante esos años que estuvimos alejadas, me dediqué a tareas de voluntariado en un programa para situaciones de crisis familiares. Daba el mismo consejo a muchas madres que estaban distanciadas de sus hijas. Les decía que fuesen pacientes, que diesen a sus hijas tiempo y espacio. Eso funcionó en nuestro caso y ahora estamos más cercanas que nunca.

Estoy muy orgullosa de todo lo que has logrado. Me complace verte, a pesar de tu vida tan ocupada, tomándote tiempo para renovarte, dedicándote a tu bello jardín y a tu hermosa casa. A mí también siempre me ha gustado mucho cuidar el jardín. Es poco lo que podría añadir a tu éxito continuado, salvo decir esto: «Conserva el amor, conserva la felicidad, a veces difícil de alcanzar, pero posible de conseguir y más valiosa que cualquier otra cosa».

Por siempre.

Tu queridísima mamá

Epílogo

Al leer la carta de mi madre, conocí mejor el vínculo que nos une. Me hace recordar, aunque con dulzura, que es la persona que me ha conocido toda mi vida y que cuando la pierda perderé una fuente fundamental de conocimiento y solaz.

Yo no sabía que pasé mis primeros tres meses en un refugio antiaéreo. No sabía que el carácter de mi madre –que saca inspiración y fuerza de la adversidad– es uno de los grandes dones que me dio.

No sabía que era atrevida a tan tierna edad. Sabía que mi madre fue una niña y una adulta incluso más atrevida, pero que una educación inglesa la obligó a reprimir su curiosidad natural. A menudo pensaba que las tensiones entre nosotras cuando yo era joven procedían de su deseo de protegerme de la censura mientras quería hacer todas las cosas que ella y una sociedad americana más permisiva me permitían hacer.

Mi madre tuvo siempre un modo de criticarme que yo detestaba, mientras me daba más oportunidades de las que ella había tenido (los caballos, el baile, los viajes) como evasión. Sólo raramente competía conmigo en mis carreras a caballo, pero de alguna manera yo sabía que ella quería ser la muchachita libre para galopar a una velocidad suicida.

La tensión entre nosotras se disolvió cuando yo comencé a darme cuenta de cuánta fuerza tuvo que tener ella para seguir un camino optimista a través de una vida dura. El resentimiento ante su resistencia a las partes «blandas» de la crianza de los hijos y de la amistad (abrazos, cumplidos, aceptación, seguridad) disminuyó cuando aprendí a valorar las partes «duras» (persistencia, resistencia, carácter, optimismo).

¿Sería yo diferente si hubiese tenido una madre diferente? ¿Mi madre habría sido diferente en otro tiempo y lugar? Probablemente, pero ahora no importa. Nos respetamos y nos queremos.

Cuando leo la carta de mi madre, sigo pidiendo un poco más de «blandura», pero ese sentimiento dura poco. Somos felices juntas en este tiempo y lugar, que para nosotras es como debería ser.

Jennifer James

Jennifer James es autora de *Women and the Blues* y de otros libros.

Una invitación a la lectora

Por cada carta incluida en este libro hubo muchísimas más igualmente valiosas y ejemplares. Sin excepción, cada redactora de carta consideró que tenía una razón para escribirla. En palabras de una madre: «Quiero darle las gracias por brindarme la oportunidad de expresar con palabras el amor y la dedicación que siento por mi hija».

En realidad, cada madre tiene una carta para escribir. Le invitamos a escribir la suya. Si le parece una tarea abrumadora, aquí incluimos algunas ideas para ayudarle.

¿Qué consejos repite una y otra vez a su hija?
Si pudiese decir una cosa a su hija, ¿cuál sería?
¿Qué ha aprendido de su hija y cómo le ha inspirado ella?
¿Qué resulta doloroso en la vida de su hija? ¿Cuáles son sus desafíos singulares?
¿De qué se arrepiente en su relación?

Descubrimos que el proceso de escribir nuestras propias cartas era tan emotivo para nosotras como lo fue para las mujeres que compartieron sus cartas. Esperamos que estas cartas le hayan inspirado y que también valore el proceso de escribir una carta a su propia hija o a un ser querido. Las páginas siguientes están reservadas para su carta y tal vez una foto predilecta, a fin de transformar este libro en un recuerdo de familia.

La carta que tú le enviarías a tu hija

La carta que tú le enviarías a tu hija

La carta que tú le enviarías a tu hija

La carta que tú le enviarías a tu hija

La carta que tú le enviarías a tu hija

Créditos de las fotografías

Carta	Fotógrafo	Carta	Fotógrafo
Betty	Greg Sawyer	Karen	Ana Buthe
Matilda	Desconocido	Sabrina	David van Raden
Svetlana	Desconocido	Helen	David van Raden
Karla	David van Raden	Teena	Tom Pierson
Julia	Carol Bernal	Kristine	David van Raden
Laramie	Tom Pierson	Joan	Tom Pierson
Pamela	Molly Davis	Joanne	Desconocido
Ursula	Tom Pierson	Marla	Jill Marie Holscher
Sandra	Carol Bernal	Andrea	Kristine van Raden
Eunice	David van Raden	Jennifer	Kristine van Raden
Lulin	Kristine van Raden	Fátima	David van Raden
Amy	David van Raden	Anónima	Fred van Raden
Geneva	Jill Marie Holscher	Carol	Jill Marie Holscher
Linda	David van Raden	Leonor	Carol Bernal
Molly	Jim y Cara Wilson	Theresa	David van Raden
Anónima	Fred van Raden	Wendy	David van Raden
Janella	Carol Bernal	Marian	Desconocido
Susan	David van Raden	Jewell	David van Raden
Anónima	Desconocido	Lorea	Kristine van Raden
Kathryn	Tom Pierson	Pennie	Tom Pierson
Dawn	Archna Shukla	Marjorie	Kristine van Raden
Anónima	Tom Pierson		

Índice

Título de la edición original: *Letters to our Daughters*
Traducción del inglés: Anna Riera y Delia Mateovich,
cedida por Ediciones Robinbook, S.L.
Diseño: Eva Mutter
Foto de sobrecubierta: Emilce Ramos Antón

Círculo de Lectores, S.A. (Sociedad Unipersonal)
Travessera de Gràcia, 47-49, 08021 Barcelona
www.circulolectores.com
1 3 5 7 9 8 9 1 0 8 6 4 2

Licencia editorial para Círculo de Lectores
por cortesía de Ediciones Robinbook, S.L.

Depósito legal: B. 35392-1998
Fotocomposición: punt groc & associats, s.a., Barcelona
Impresión y encuadernación: Printer industria gráfica, s.a.
N. II, Cuatro caminos s/n, 08620 Sant Vicenç dels Horts
Barcelona, 1998. Impreso en España
ISBN 84-226-7308-8
N.º 34751